财富第五波

未来十年世界与中国财富大趋势

【全新修订本】

[美] 保罗·皮尔泽（Paul Pilzer） 著

路卫军 庄乐坤 译

中国社会科学出版社

图字：01-2009-1679号

图书在版编目（CIP）数据

财富第五波：全新修订本／（美）保罗·皮尔泽著；路卫军，庄乐坤译．—北京：中国社会科学出版社，2018.1（2020.8重印）

ISBN 978-7-5203-0900-4

Ⅰ.①财… Ⅱ.①保… ②路… ③庄… Ⅲ.①疗效食品－食品工业－研究－世界 Ⅳ.①F416.82

中国版本图书馆CIP数据核字(2017)第207330号

Original English Language edition Copyright © 2008 by Paul Pilzer.
Authorized translation from the English language edition published by John Wiley & Sons,Inc.
Simplified Chinese translation Copyright © 2011 by China Social Sciences Press.
All rights reserved.

出 版 人	赵剑英
责任编辑	王　斌
责任校对	郭　娟
责任印制	王　超

出　　版	中国社会科学出版社
社　　址	北京鼓楼西大街甲158号
邮　　编	100720
网　　址	http://www.csspw.cn
发 行 部	010-84083685
门 市 部	010-84029450
经　　销	新华书店及其他书店

印刷装订	北京君升印刷有限公司
版　　次	2018年1月第2版
印　　次	2020年8月第6次印刷
开　　本	710×1000　1/16
印　　张	12.5
插　　页	2
字　　数	143千字
定　　价	35.00元

凡购买中国社会科学出版社图书，如有质量问题请与本社营销中心联系调换
电话：010-84083683
版权所有　侵权必究

《财富第五波》一书出版
堪称开天辟地的10大理由

◎ 将"保健"定义为一项全新的产业——预防疾病和抗衰老为基础的保健产业将达万亿美元规模。

◎ 未来5年内,美国将产生500万名百万富翁,其中大部分来自健康产业和直销产业。

◎ 第五波革命主要是靠创业企业家和小型企业推动的草根运动。

◎ 美国人的肥胖率从61%上升到65%,肥胖儿童增加了10%,Ⅱ型糖尿病、冠心病、癌症、糖尿病以及忧郁症等将成为最大社会问题。而这些只能从保健产业寻求答案。

◎ 体重和外表就像19世纪时的家族姓氏和出身,代表着人们的社会地位和财富前途。

◎ 大多数研发出来的医疗技术都把注意力放在缓解症状而不是根治疾病或者预防疾病上,这就是为什么如今90%的药房卖的大多是患者一生中每天都离不开的维持性药物。

◎ 第五波革命将源于生物和细胞生化科技的突破。

◎ 让消费者转变观念的最好方式就是一对一、面对面的接触,可以说这是唯一奏效的方法。

◎ 由于经销/流通成本的比重增加,过去30年发大财的人,大都是靠经销/流通领域模式创新,而非制造领域创新起家的。最大的商机不在制造,而在经销领域。

◎ 今天许多为保健产业提供服务的人,即使从未生产或经销任何保健产品,也可以成为财富第五波的弄潮儿。

共建保健地球

岳颂东

放在读者面前的这部书，是美国克林顿、布什总统的经济顾问保罗·皮尔泽先生所著。早在1996年，当保健产业刚现萌芽状态，他就预言保健产业将会掀起财富浪潮第五波，充分显示了他的远见卓识。这部专著不仅对全世界保健产业的发展起到了重大推动作用，而且也使每一位读者对自己的人生产生了新的哲学思考。

健康、幸福与长寿是人生追求的终结目标。只有健康和长寿才是人生一切幸福的基础和本原。健康是人生最大的财富，人寿年丰是全人类共同追求的伟大理想。

按照常理，每个人从懂事开始，就想追求自己的健康与幸福。然而大多数人在人生的大部分时间里对此是懵懵懂懂的，甚至是南辕北辙的。到真正懂得这一人生终极目标往往为时很晚。正像有人说过："我的前半生是用健康换金钱，我的后半生才用金钱换健康。"为赚取金钱而伤害健康成为社会通病。一些毫不节制的饕餮之徒、沉陷于纸醉金迷的享乐之士，因贪图美食美色而伤元折寿的案例屡见不鲜。对他们而言，其牙齿成了自掘坟墓的利铲。甘美之饴，为腐肠之药，明眸皓齿，乃伐性之斧。相当一部分人的夭折竟然源于无知的和诱惑。

保罗·皮尔泽先生在本书中引用了一个故事，发人深省。哈佛医学院高材生麦克跳下水连救7名溺水者，累得精疲力竭。他抗议道，为什么不到上游阻止那些推人落水的人呢？防患于未然是最简捷最朴素的真理，而真理终究会被一切先知先觉者所共同认定，古今中外，概莫能外。

2500年前，中国春秋战国时期。有一天魏国君主魏文侯问神医扁鹊："听说您三兄弟都是名医，为什么大家只知道您呢？"扁鹊说："我大哥擅长治未病，善于引导人们养生保健，他周围的人很少生病，所以一般人不知道他；二哥擅长治欲病，尚未成大病，稍一调理就好了，所以名声也不大；我这里的人小病拖成大病，变成疑难杂症才请我医治，所以我名声最大。其实我大哥医术最高，二哥次之，我最差。"中国古代医学经典《黄帝内经》上说："圣人不治已病治未病。""上工治未病，中工治欲病，下工治已病。"

防患于未然，事半而功倍。不难想象，多一家健身房，就少一家医院；多一名营养师，就少一名医师；多一些保健产业，就少一些医药产业。最好的医生是自己，最好的医学是养生。未来的医学必将把养生保健放在首位。未来的医院应当向保健乐园的模式发展。这将是最简便、最经济、最少痛苦、最多快乐的保健医学。

保罗·皮尔泽先生知微见著，曾在书中对美国超重人口逐年增长导致疾病忧心忡忡。岂不知当今中国也在步美国后尘。随着垃圾食品增加、个人营养过剩、微量营养素缺乏而导致的"富贵病"大幅度上升。当此之时，既要预言保健产业将掀起财富浪潮第五波；更要大声疾呼，健康与长寿才是人生最大的财富，才是掀起财富波浪的不竭源泉。

合理膳食、适量运动、戒烟限酒、心理平衡是健康的四大基石。在膳食领域，要摒弃垃圾食品，远离过量食品添加剂，对过分商业炒作保持高度警惕，这是保障当今社会居民身体健康的重大关键所在。

保罗·皮尔泽先生在本书中呼吁,全世界应当掀起一场保健革命。我十分赞同他的观点。应当对全世界人类的饮食文化进行科学的评估,对非科学的饮食结构和非营养的饮食产品及非卫生的饮食习惯进行一场颠覆性的革命。为此要做好以下八件大事。

一是在全世界倡导健康、长寿、幸福的人生观,坚决摒弃"前半生以健康换金钱;后半生以金钱换健康"的人生规则。从小遵循保健理念,终生不忘强生健体,奠定终生幸福快乐的根基。

二是发展科学、安全、诚信、道德的健康经济,使健康经济有利于全民长久的健康。改善公众营养,为全社会提供营养的食品和安全的服务。让经济健康保障健康经济。

三是广泛深入地开展健康教育,大力普及科学知识。公众营养关系国家的富强和民族的兴旺,具有强烈的战略性和公益性。大力改善公众营养是政府的重要职能,政府应着力规划,严密部署,强力实施,长抓不懈。

四是大力发展健康产业,生产品质良好、营养丰富的大众食品;提供全面、安全、周到、细微的保健服务;运用"大数法则",倡导健康保险。让人民身体更健康,体格更健美,步履更矫健,头脑更睿智,寿命更绵长。

五是善待人类共同的家园——地球。节能减排,环境友好。让人类共同拥有一个天兰、水清、土肥、花美、物种繁茂和谐共处的生态环境,为全人类的幸福长寿创造优良的生存条件。

六是大力促进保健科学的繁荣和相关技术的研发,大力开发强化食品、功能食品、绿色食品。利用生物、基因技术,进行土壤改良和种子优化。开发富铁、富硒和无公害食品。让人民拥有安全的米袋,丰富的菜篮和丰盛的餐桌。

七是加强健康经济、保健产业和科技研发的国际交流。总结全世界长寿地区使人民长寿的宝贵经验,吸取疫情频发地区的反面教训，开展全球保健行动，共建保健地球。

八是建立和维护和平安宁和谐共处的国际新秩序，保卫人类和平，反对恐怖行动。崇尚健康无价、生命至上的理念，为人类共同拥有一个和平美好的家园而努力奋斗。

2011年春节于北京

作者 系中华人民共和国国务院发展研究中心研究员

序　言

第五波革命方兴未艾

　　《财富第五波》一书出版，堪称开天辟地。本书将"保健"定义为一项全新的产业。它以其简单的目的将数以万计从事不同服务业和产品供应行业的人联系在一起。它使志趣相投的人们——包括科学家、营养补充品生产企业、独立生意人、健身教练、食品供应商、医生以及其他所有致力于预防疾病和抗衰老的人——明白了一个道理，那就是，他们是世界范围内下一波巨大财富革命的组成部分。

　　《纽约时报》称我"从经济学家摇身一变，成为'财富第五波'之父"。本书被翻译成12种语言出版，迅速成为全球保健业界关注的焦点——数以千计的人们和机构跟我联系，与我分享他们的经验，并和我探讨如何在这波令人激动的、万亿美元商机中挖掘自己的金矿。

　　《财富第五波》出版至今，保健产业变化翻天覆地，有些如我所料地发生了。例如，我预测到了保健产业将迅速崛起，该行业的年销售额将从2002年的2000亿美元发展到现在的5000亿美元。但也有一些情况，我在2002年时没能预测到。例如，世界各国政府迅速制定健康产品标准；一些疾病和食品产业供应商（包括麦当劳和沃尔玛）自动转型，投身到健康和保健食品供应领域。同时，我也没有想到美国和其他发达国家中的保健"富人"和"穷人"的差距竟然持续扩大。过去这些年，越来越多的美国人进行健康锻炼，而更多的美国人却反其道而行——美国人的肥胖率从61%上升到65%，像Ⅱ型糖尿病这些与饮食习惯密切相关的疾病的增加，令美国人民的健康状况每况愈下。

> 创造庞大财富的机会在于好好把握下一波财富狂潮——保健产业革命和流通领域革命。

这一趋势让我原先预测的未来保健产业1万亿美元的年销售额，正在成为现实，甚至可能超过，这将为更多的保健产业的创业者提供千载难逢的商机。

下一个百万富翁——保健企业家

如果你是一位企业家，或正准备投身保健产业，那现在正是前所未有的创业良机。

20世纪50年代，百万富翁还是凤毛麟角。但到1991年，净资产在100万美元以上的美国家庭有360万户之多。接下来10年，拥有百万家产的家庭又翻了1倍，增长到720万户。美国用215年创造出第一批360万户百万家产的家庭，而只用10年时间就创造出另一批360万户。

正如我在《点石成金》一书中所说，20世纪90年代是全球经济增长40年周期循环的开始。美国的家庭财富从1991年到2001年平均增长了3倍，从13万亿美元增长到40万亿美元。除日本外，所有发达国家都有类似的增长。

以往的财富积累，往往只意味着富者愈富，一般人总是无缘致富。然而不同的是，20世纪90年代却有巨大数量的普通家庭分享财富的成长，而且才只是个开端而已。

> 现在只是"财富民主化"时代的开端。不但美国正在发生财富民主化，而且将来会扩散到从中国到欧洲的每一个国家。

《财富第五波》将说明，由于世界经济、科学技术和新的立法趋势发生了根本性的变化，而这些变化对个人的益处超过了对组织的益处，因而我们正处在"财富民主化"潮流的开端，创造着人人都能分享的新财富。

今天，净资产达到或超过100万美元的美国家庭超过1000万户，到2016年，拥有百万家产的家庭将达到2000万户，如果每个家庭的平均人口以2.5人计，这就意味着5000万美国人将生活在家产超过100万美元的家庭之中。

> 百万富翁是美国和其他发达国家成长最快速的少数族群。

你会看到，当人们跻身百万富翁之际，他们在关注财富的同时，最渴望的一件事就是自身的健康。

> 人们财富越增加，投资健康的比例就越大。

今天要想取得成功，几乎不再与你的肤色、国籍甚至你的父母有关。与人类以往的经验不同的是，今天的成功取决于你的选择。虽然你的教育、父母和其他不可控因素会起到一定的作用，但成功的最大因素在于你的选择。

> 读到这里，表明你或许已经做出了选择，成为下一批1000万户百万富翁中的一员，或在接下来的10年，帮助人们创造更多那样的家庭。

通往成功之路有千万条，但我希望你选择正在兴起的保健产业作为创业或职业的开始，不但有机会致富，而且还能造福人类。

财富第五波新趋势

此次修订版中除更新了一些数据并给出了新的预测外，还列举了保健产业的几个新趋势。

一　财富第五波发源地是美国，但已在全球各地迅速开花结果

2002年本书第一版，主要着墨第五波革命发源地美国的市场。可是此书却被翻译成12种语言出版，在亚洲的销售量甚至超过了美国。正像其他新产品和新工业一样，虽然第五波革命源于美国，但在美国之外的发展更为蓬勃。

《财富第五波》是为全球各地创业家们所写的。

二　第五波革命主要是靠创业企业家和小型企业推动的草根运动

我在2002年的书中主要介绍了年营业额1亿美元以上的大型保健产业公司，从那以后我逐渐熟悉了保健产业。然而，保健业产值的大部分是由创业企业家、独立生意人、直销商、营养师和其他保健专家集体创造的。这是因为，消费者要有保健观念才会转变消费方式，而让消费者转变观念的最好方式就是一对一、面对面的接触，可以说这是唯一奏效的方法。

> 让消费者转变观念的最好方式就是一对一、面对面的接触，可以说这是唯一奏效的方法。

《财富第五波》将告诉你，还有哪些尚未开发的保健商机，以及利用新的管理方式和企业形态（如直销和特许权），能够让你宏图大展，比待在朝九晚五的公司更有前途。我敢断定，在保健产业发展为成熟行业，大多数消费者对保健不再陌生之前，这种好光景仍将持续至少10年。

三 以往生产"致病"产品的大型食品公司，开始投身第五波革命

2002年写《财富第五波》一书时，最为人诟病的"致病"食品产业是乳品业。该书出版之后，世界上最大的奶制品企业迪安食品公司（Dean Foods，在美国国内年销售额为100亿美元）合并了世界上最好的保健食品公司，即年销售额3亿美元的白波（WhiteWave）公司。该集团生产思尔克豆奶。迪安食品公司收购白波公司后，非但没破坏思尔克豆奶和高质量的健康食品生产线，反而让白波集团的经营理念位居主导地位。

《财富第五波》将说明迪安食品公司和其他大型食品公司转变其经营理念只是一个开端，这意味着，在保健产业，大家有所作为的机会将会逐步增加而不是减少，尤其是对保健企业家。诚如本书第二章所言，消费者一旦有了第一次保健产品的使用经验（如喝了思尔克豆奶），就会渴望消费更多的保健产品和享受更多的保健服务。

四 被认为只售卖"致病"产品的零售商和餐饮业者，同样在改弦更张，加入第五波革命行列

2002年之前，绝大多数的保健食品还只是通过专门的保健食品商店和保健食品餐馆零售的。但随着保健产品的需求越来越多，保健食品将通过传统的食品销售商和普通餐馆销售。

麦当劳2005年开始销售核桃沙拉和水果，因而一夕之间麦当劳成为美国苹果需求量最大的食品业者，预估每年消费苹果54000万磅左右。以前这个饱受社会批评的健康的罪魁祸首（如纪录片《麦胖报告》中所描述的那样，人们连续一个月只吃麦当劳会造成健康状况下降），现在成为保健产品销售的重要的贡献者。现在，沉睡的巨人已经清醒，开始关注起保健产业了。

2006年初，全食超市（Whole Foods Market，年销售额为70亿美元)曾经是全球最大的保健食品卖场，但是到2006年3月26日，年销售额为2750亿美元的沃尔玛（Wal-Mart）在得克萨斯州的布兰诺市开设了第一家有机食品购物中心；同时，沃尔玛所有分店也开始将保健产品作为自己的特色商品。此刻，沃尔玛也许已经成为全球最大的保健食品零售商了。

所有这些对保健产业，尤其对保健业者来说，都是好兆头，因为保健产品在市场上的认可度大幅度提高了，为今后扩大保健品生产规模提供了广泛的销售渠道。虽然目前保健产业的产值已成长到5000亿美元，但大多数消费者仍缺乏保健经验，超重和肥胖人口依然持续增加。

五　医疗产品供应商（传统的药品业）依然故我，并没有追赶财富第五波的迹象

在美国，年产值2万亿美元的医疗产业，不像年产值1.3万亿美元的食品产业，它迟迟没有接纳保健产业，甚至还没有迹象表明它会接纳保健产业。虽然不是全部，但绝大多数的美国医院、药厂和健康专业组织存在忽视保健产业，或是打击进入其市场的保健产业的现象。

从某种意义上说，这反而为保健产业的企业家和保健专家创造了庞大的商机。

传统的医药或医疗产业正在从事一场注定失败的赌博。正如20世纪初的铁路产业，一度视自己为最佳的运输工具，后来很快败给了卡车运输和汽车业，医疗产业注定也要输给保健产业。

保健不只是更健康的食品，或是另类的疗法，而是一场新的运动，一场革命，凡是认识到此点的企业家或保健专家就能拥有千载难逢的创业机会。

六 市场上已涌现的数千种新的保健产品和服务，其中有些我在2002年预测到了，但也有很多我曾经认为至少要到2012年才会出现的，而现在已经成为市场新宠

我在2002年曾预测，不出十年，以DNA技术和其他科技为基础的营养补充品将会深入大众，并认定年产值800亿美元的维生素产业的合理性。事实证明，我远远低估了保健产品的普及速度。2004年，以DNA技术为基础的核酸提取试剂盒，可以用来确定哪一种维生素不足，做一次测试只需花费10美元。原来要价1000万美元、体积如同房间大小、用来读取人体抗氧化水平的指尖光测仪器，到2005年已被设计成书本大小，而且购买费用低于一台笔记本电脑，现在已经有1000万人购买，用以随时检测自己和顾客的身体抗氧化水平。

尤其如《财富第五波》提到的科技新发展——人体干细胞研究。该研究在保健产业中有光明的前景。虽然科学家现在仍不清楚干细胞的运作方式，但医疗专家已经开始利用其重建人体受损器官，以及减缓器官的老化程度。

七 美国国内的健康保险业从2004年至今发生了令人欣慰的明显变化，消费者可以选择自己喜欢的健康保险，还可以将节省下来的医药费投入到将来的健康保险（或退休养老保险）中

八 据2005年的数据，为全美工人提供用于治病的保健福利成本，已超过了全美前500强企业的总利润

数年来，公司老板为员工治病的支出不断上涨，2005年是一个分水岭——这一年上涨的医疗支出，不但降低了公司的收益，而且威胁到了老板的切身利益。他们终于认识到，面对不断上涨的医疗支出唯一的长期解决之道是发展保健产业，而首要之务是要制定增进健康和预防疾病发生的方案。

《财富第五波》揭示了保健业的巨大商机，例如在公司内部设立附属健身项目，制定保健专家授权的针对雇主的减肥和戒烟课程等。

九　虽然保健产业产值在5年的短暂时间内，从2000亿美元增长到5000亿美元，而且有数百万新客户加入，但保健产业的处女地却在持续开拓之中

单就美国来说，肥胖成年人的数量曾在5年中从61%增长到65%，肥胖儿童增加了10%，在所有儿童中的比例从27%增长到30%。

1996年，我开始撰写有关肥胖和超重的文章的时候，我还没有想到10年后这种病状流行会如此严重。虽然每天数百万的新消费者在保健产业中消费，但是更多的人却游离于保健产业之外，变得愈加肥胖，愈加营养不良，长期缺乏锻炼或者长期吸烟。

《财富第五波》阐述了世界上各发达国家里人们日益分化成两大对立的社会经济集团，一个集团关注健康，关注健康规划；另一个集团则恰恰相反。这种糟糕的现象在经济和社会生活中产生的后果将是灾难性的。

十　我以企业家的身份，已经加入到第五波革命行列

我于1999年成立了一家公司，旨在通过改革健康保险来宣传推广保健观念。2005年，该公司成为史蒂夫·凯斯（Steve Case）的革命健康集团（Revolution Health Group）的成员之一。今天，通过本集团员工和沃尔玛旗下的山姆会员商店向数百万人提供健康导向的健康福利。

2006年，我创建了另一家类似的公司——赞恩福利有限责任公司，主要通过保健产业企业家和理财专家向人们派发健康导向的健康福利。目前，公司在成百上千的企业家和老板的支持下，已经帮助许多大学校园脱胎换骨，并通过向消费者提供更加实惠的健康导向的健康保险，使消费者的生活越来越美好和安全。

企业家的第五波商机指南

《财富第五波》每章的最后都有名为"第五波商机指南"的重点提示。对保健业新兴企业家或打算自主创业的人士，尤其意义重大。当然你不必对书中的计划照本宣科。我的目的是向大家展示保健产业中存在的巨大商机，激发大家的灵感，并鼓励大家通过自身的背景、教育和生活经验使自己成为第五波革命的弄潮儿。

目录
Contents

前言 为什么保健产业革命是全球下一件大事 / 1

第一章
第五波革命 ▎13

1 我们需要一场革命 / 15
2 食品行业的阴谋 / 16
3 你补充维生素了吗 / 18
4 医疗疾病产业行销黑洞 / 19
5 可怜的消费者 / 22
6 肥胖之灾 / 23
7 启动第五波革命 / 24
8 第一个2000亿美元 / 25
9 西医忽视营养学 / 27
10 保健革命的目的不仅在于赚钱 / 28
11 第五波商机指南 / 29

第二章
掘金婴儿潮 | 31

1. 婴儿潮一代是保健革命的第一代 / 33
2. 失业带动经济增长 / 36
3. 保健产业的经济学含义 / 38
4. 维生素如何从医疗疾病产业走向保健产业 / 40
5. 第五波商机指南 / 42

第三章
食品产业商机 | 43

1. 食物供应的两大问题 / 45
2. 水的商机 / 46
3. 热量 / 46
4. 为什么脂肪难以消除 / 48
5. 蛋白质、维生素和矿物质的重要性 / 50
6. 现代人类在空热量(高热量、低营养)的食品世界中挣扎 / 52
7. 乳品业的骗局 / 55
8. 保健新宠：豆类 / 58
9. 豆奶商机：构建全新健康生活方式 / 61
10. 现代食品创造保健商机 / 63
11. 第五波商机指南 / 64

第四章
医药健康产业商机 | 67

1 打开黑匣子 / 69

2 维生素与直销 / 73

3 信息致富：信息服务蕴藏巨大商机 / 75

4 网站致富：麦考拉自然健康网站 / 78

5 心脏病医生的角色转变 / 80

6 健身行业商机 / 83

7 创造保健公司 / 87

8 第五波商机指南 / 89

第五章
掘金健康保险产业 | 91

1 健康保险业的危机 / 93

2 不为人知的内幕 / 93

3 美国的健康保险体系是导致个人破产的第一号凶手 / 94

4 健康保险业危机——是缓解症状还是防患未然？ / 96

5 身陷危机 / 97

6 健康保险的三个主要组成部分 / 99

7 保健企业的新出路 / 102

8 什么是个人/家庭健康保险政策 / 104

9 帮助你的客户为健康投资 / 107

10 第五波商机指南 / 107

第六章
经销致富 | 109

1. 现代经济的生物学原则 / 111
2. 最大的商机不在制造，而在经销领域 / 112
3. 20世纪的经销 / 114
4. 知识经销VS实体经销 / 116
5. 专卖店趋势：保健产业新机遇 / 118
6. 零边际成本新时代 / 120
7. 直销创富：实体经销与知识经销的完美结合 / 122
8. 网络创世纪 / 124
9. 第五波商机指南 / 126

第七章
直销——最佳起跑点 | 127

1. 第一次接触直销 / 129
2. 直销改变人生 / 130
3. 现代直销业 / 132
4. 今天的直销就是知识经销 / 133
5. 直销是一种"主动"媒介 / 134
6. 被动收入 / 136
7. 帮助别人成功，你一定也会成功 / 137
8. 如何选择直销公司 / 138
9. 终极标准——耐心和期望 / 140
10. 财富第五波商机指南 / 140

第八章

捷足先登，坚定目标：做下一个百万富翁 | 143

1 提供工具和服务致富 / 145
2 治疗师联盟 / 146
3 健身教育——培养一支健康专家队伍 / 148
4 抢占保健金融商机 / 151
5 如何把商机变为事业 / 153
6 当个保健投资人 / 155
7 沃顿的秘密 / 157
8 宗教的力量 / 158
9 视力保健——低价手术，预防失明 / 160

第九章

健康无限，财富无限 | 165

1 为什么健康无限 / 167
2 干细胞——让心脏手术过时 / 169
3 造福人群的机会 / 171
4 坚持是迈向成功的基石 / 173
5 财富背后"看不见的手" / 175

译后记 / 177

前言

为什么保健产业革命是全球下一件大事

20世纪，汽车的发明、航空业的发展、电脑的普及和家庭计划的推广，颠覆了整个人类的生活方式。这些发明不但创造了大批企业帝国，抢占先机的企业家和投资者更积累了富可敌国的财富。

21世纪的一个重大事件已经开始，它同样会彻底改变我们的生活，并将在今后10年之内创造巨大的商机，那就是保健革命。

> 这不是一种稍纵即逝的流行时尚，而是创造出人类崭新的无穷尽的需求。这种需求几乎渗透到饮食、锻炼、睡眠、工作、储蓄、养老方式等人类日常生活的各个方面。

我们每天一早用的牙膏、洗发液，到三餐饮食，再到晚上睡觉的床垫及化妆品，日常生活的每一个选择，都已经充满了对保健的巨大需求。我们需要产品的安全，也要预防产品可能造成的伤害。然而，社会大众对保健的需求，才刚刚萌芽，因为大部分人并不知道，一个简单的选择也可以影响健康；而且，当前市场上许多保健产品和服务并不十分普及。

我将详细介绍新兴保健产业的相关资讯，读者不仅可以利用这些信息把握致富商机，还可顺便充实一些保健养生的常识。

我将为读者讲解在本轮巨大商机中如何找到属于自己的一块领地——在这个新的有关人的健康一生的产业中如何找准自己的位置。这个产业不仅能给你带来财富，还会带来许多意想不到的其他好处。

万亿美元商机

第五波革命正在萌芽，它将深入我们生活的各个层面，并在十年内创造一个万亿美元的商机。但我们却浑然不知，就像不知道1908年的汽车业或1981年的个人计算机会带来庞大的商机一样。汽车业由于化学、冶金和金属科学技术上的突破而蓬勃发展，个人电脑行业则得力于物理学和二进制数学而欣欣向荣。

> 第五波革命将源于生物和细胞生化科技的突破。

保健产业面对的是人类生命中最奥秘的难题——老化和生命力，科技在这方面迄今为止仍未有突破性进展。在明确定义保健产业和指出其商机之前，应该先界定它和另一个运用相同科技的产业的区别——现在在美国已达到2万亿美元的健康医疗产业。美国的经济体约有1/6，总计2万亿美元是来自健康照护（healthcare）产业。"健康照护"这个字眼用在这里并不恰当，仿佛整个经济总量的六分之一是用在疾病产业上——字典中的疾病定义是"身体不适、不健康、系统紊乱、虚弱、状态不佳或罹患某种疾病"。

疾病产业是被动性的产业，虽然病痛的严重程度不一，但人们只有发生特别症状或罹患疾病时才会成为医疗产业的客户。而实际上，没有人愿意成为病人。

美国目前的保健产业达5000亿美元，往后5年将额外增加5000亿美元的市场。字典中的健康定义是"良好的状态，尤其指以主动积极的方式达成的身体状况"。

保健事业是具有前瞻性的产业。人们心甘情愿为保健健康埋单，想要更健康、延缓老化和避免成为疾病产业的顾客，每个人都希望预防胜于治疗，成为保健客户。

我对疾病产业和保健产业的定义如下：

疾病产业，是指出现症状后，对患有从一般感冒到恶性肿瘤的病人提供的产品和服务，目的不外乎治疗其疾病的症状，最终治愈其疾病。

保健产业，是指出现病患前，对健康（没有疾病缠身）的人所提供的产品和服务，使之感到更加健康、健美，并延缓其老化的过程或对疾病防患于未然。

商机指南

本书中，我将重点解释保健产业作为一种新产业，对于企业、团体、家庭；对于企业家、创业家、直销商、客户、顾客、发明家的重大商机，以及如何在这一波财富狂潮中掘金。

第一章将与读者分享我对保健事业的愿景。撰写《财富第五波》第一版时，我认为现有的保健产业的名词如健身俱乐部、维生素等在美国的营业额或许已达数十亿美元。让我颇感意外的是，事实上这个产业的营业额在2002年就已接近2000亿美元，到2007年保健产业的营业额接近5000亿美元。但民众中仍只有少数人了解保健的意义，当愈来愈多的人了解保健对提升生活质量和寿命的功效时，保健产业就拥有了无限的商机。

第二章将介绍需求这一概念，以及保健需求的变化和控制性需求的增长怎样发生。分析为什么现今美国5000亿美元的保健需求依然不过是冰山一角，为什么这些保健新产品和服务只是美国经济总量中新的万亿美元产业的开端而已（和现有农业或医药等产业的衍生产品有所区别）。

第三章描述了催生大量超重和肥胖人士的农业和食品业。该产业在美国的产值达1.3万亿美元，而且金额还在逐渐增长，最终造成美国人口的65%超重、30%呈病态肥胖症状，导致了健康危机。在过去的20年中这几项数字各增加了1倍，在过去的5年中则增加了7%。其他发达国家，尤其是欧洲共同体也出现了类似情况。本书指出，正是上述情况创造了我们时代最巨大的商机：给予消费者保健知识、提供保健食物和当今食物所普遍缺乏的维生素和补充品。

过去的健康和疾病产业有一大部分和保健息息相关。20世纪初，由于疫苗接种技术和抗生素在技术上的突破，使得千年以来令人闻之色变的多项人类顽疾得到了预防与控制（如天花、伤寒、肺结核、小儿麻痹）。不过，这些都是陈年往事了。

> 美国现有大约1/6的成年人从事健康医疗产业，绝大部分着重于治疗疾病而不是预防疾病，这是因为，该产业对那些研发治疗产品的公司更加有利可图。

第四章将探讨保健产业中对于医疗专家可以掌握的不断扩大的创业机遇。因为提供人们自愿且买得起的产品和服务，要比提供第三方埋单且人们没有选择地接受官方治疗方式，更有发展前景。

第五章将说明为什么现行的雇主付费的健康医疗制度正处于崩溃边缘，大众该如何应对以求保护自己和家庭。从20世纪90年代初开始，美国经济就持续不断上升，尽管如此，个人申请破产的案件，从1990年的大约75万件剧增到2000年的200万件，究其原因，其中大部分是因为无力承担家庭庞大的医疗费用所致。每年大约100万户的美国中层和上层家庭由于疾病产生的费用而被迫破产。

如果把现在用户普遍采用的雇主付费且只针对疾病的健康保险，转变成以健康为导向的个人和家庭健康保险，将是保健产业中最大的创业商机之一。

提起今天一些产业的发展已然让人振奋不已，但比起即将兴起的保健产业就将是小巫见大巫。正如1908年的汽车业和1981年的个人计算机，最好的新产品和服务仍在实验室里研究发展，几年后逐步走向市场。今天，可以通过检测一个人的DNA，推测出人们患有某些疾病的可能性。现在，同样可以利用一个便携式的激光装置间接读出人体的抗氧化剂和其他维生素水平。运用这些信息，一个善于捕捉商机的保健产业企业家就可以开发特定的以运动、食物、维生素和补充营养为基础的疗法，它们伴随着客户生命质量和数量的提高而财源滚滚。刚刚过去的几年之间所取得的这些突破，也只是一个开始而已。

> 即使眼前的商机巨大，但与将要到来的商机相比还是小巫见大巫——因为我们处在即将破译基因老化的密码的时刻。一旦破译该密码，保健产业因此产生的产品和服务将处在最前沿的位置。

所有产业都建立在新科技的基础之上，但能真正从中获取巨大利润的是经销商，而不是发明者。部分原因是科技领域的发展变化日新月异，譬如今天的CD-ROM明天就是八声道录音带，只有经销商不会沉醉于某种特定的科技，而能随市场变化及时推出更新和更有效的产品。但最主要的原因还是第六章将要探讨的。

> 今天，绝大多数零售产品的销售费用约占成本的70%—80%，这足以解释世界上最富有的群体，都是从事销售事业，而不是制造产品这一事实。

第六章同时也指出，配销的本质近年已有很大改变，从纯粹销售产品的实体经销（physical distribution），转换成传播产品信息的知识经销（intellectual distribution）。萨姆·沃尔顿（Sam Walton）是1991年的世界首富，他利用实体通路销售商品给需要的顾客。但是，亚马逊网站公司的创始人杰夫·贝佐斯，由于销售连客户自己都没有见到实物的商品，而荣登1999年《时代》杂志的年度风云人物。新兴的保健产业恰恰符合这种特性：产品和服务大多数按成本价在销售，而绝大多数的潜在客户还不知道这些产品已经问世。

除了一些医生、保健专家或是经验老到的商人以外，一般的读者也许很想知道，如何开始参与保健事业，而不用担心血本无归或是丢掉饭碗？对于这一部分人，甚至是经验丰富的生意人来说，直销是挖掘保健财富的好方法。

正如第七章所言，读者可以从少于100美元的投资开始，将其作为自己的兼职工作，直到自己的事业开始起飞。即使读者后来发现自己并不适合这一行，还是可将这行学到的技巧和领导力运用于其他领域，长期来看也是颇有价值的。

假设我们回到1845年。我告诉你，加利福尼亚州将在1849年掀起一股淘金热，除非你了解矿脉所在，否则就算你有满脑子的发财梦，抵达加利福尼亚州后辛苦卖命工作，仍可能一无所获。事实上，一辈子寻求黄金、希望发财致富的矿工很少如愿以偿。 在加利福尼亚州淘金热中致富的人，都是利用自己在其他领域的技术和关系，提供淘金客所需的产品和服务。例如亨利·威尔斯（Henry Wells）和乔治·法戈（George Fargo）设立威尔斯·法戈公司，专门向矿工提供金融和快捷运输服务而发财致富的。我们每个人活了大半辈子，都有自己的天赋、专业技能和人际关系。我们现在正在利用上述能力建立自己的生意。第八章将告诉你，如何利用自己的老本行在这即将来临的1万亿美元的保健产业中抢占一席之地。

> 不管是提供保健服务，还是销售产品，或直接投资创建保健公司，都可以说是商机无穷，但我们应该致力于最能发挥手中现有资源的领域。

未来明星产业的五大特点

成功的发明家或企业家，知道如何辨别夕阳产业和明日之星产业。首先来看看这五个特点，然后联系正在兴起的保健产业，并仔细分析每个特点。

一般人都认为，1908年推出T型汽车的福特是汽车的发明者，其实，之前数十年，汽车作为有钱人的娱乐工具已经存在了。福特在创业之初并没有获得成功，这一点和大多数企业家一样。1899年，福特创建了他的第一家汽车公司，但倒闭了；1901年福特创立了他的第二家公司，同样以失败告终；今天我们大家看到的福特汽车公司，是1903年创办的，1906年该公司也差点倒闭，原因是福特在决定生产价格低廉的T型汽车之前，在汽车表面材料升级上脱离了市场的购买力。诚如福特自己所言，"自己真正'发明'的是利用各种不同的新技术来生产'价格非常低廉，人人都能买得起的'汽车"。

收音机、电视、餐馆、飞机旅行、留声机、DVD、传真机、个人电脑、掌上电脑、电子邮件和其他许多发明创造已经无处不在，并且彻底改变了整个世界和我们的生活方式。这些东西的发明、生产和普及过程与汽车大体相同。

以上产品,刚开始出现时只有富人买得起。一段时间后,由于生产技术的成熟,变成普通大众能够买得起的产品,开始无处不在。它们何以流行?这些产品和服务在最初的供富人享用之外,后来又融入了其他什么元素?

这些今天无处不在的产品和服务从奢侈品变为大众消费品,都具有以下五个鲜明的特点。

> 具有敏锐洞察力的企业家和投资者在投身于一项拥有大规模市场的新事业时都会先寻找存在于产品和服务之中的如下所述的五个特点:
> (1)价格便宜。
> (2)自我推销。
> (3)持续性消费。
> (4)老少皆宜。
> (5)消费耗时短。

1. 价格便宜。1976年,录像机初入市场,每个家庭都想拥有一台,但每台1500美元的价格,让人们望而却步。随着生产技术的成熟,录像机的价格降至不到100美元,因此录像机大批量售出。到1990年,美国1.1亿家庭拥有1.21亿台录像机。DVD播放器、iPod音乐播放机、卫星GPS定位系统也是相同的情况——只不过录像机花了14年才普及,而这些产品只花了14个月。汽车或房子之类的产品,即使技术进步也不能使产品便宜到人人买得起,但新的产业——消费信贷——消费者按月分期付款,使人们拥有这些产品不再是遥不可及的事。

2. 自我推销。仅靠市场营销很难使产品和服务普及化,除非产品能自我推销———一旦一定数量的人拥有某种产品后不用宣传,该种产品有自己走下货架的能力。汽车、电视和个人电脑就是该类产品,一旦人们看到其他人正在使用该类产品,也想立刻拥有它们。

3. 持续性消费。根据统计,要让消费者尝试一种新产品,大约要在广告和促销上花费100多美元,而这仅仅是检测消费者是否喜欢该产品。如果消费者确实喜欢,还须有相关的产品和服务刺激消费者持续购买,才能成功。以电视和收音机为例,使用的普及产生更多的广告销售,产生更多精彩节目,进而创造更多的电视和收音机需求。一名消费者可能每五年花费100美元买一台摄像机或DVD播放器,而每一台摄像机或DVD播放器每年在销售和租赁以前录制的电影又会创造数百美元的利润。人们买了新的个人电脑,随后他们就想要一台新的打印机,与画质更好的屏幕和速度更快的互联网链接等。无处不在的产品要想成功必须是可持续性消费的。

4. 老少皆宜。任何产品和服务要想大众化,必须是人们了解之后,都会萌生出拥有的欲望。今天人人都想要汽车、收音机或个人电脑,但并不是人人想要皮艇、山地车或者豪华游艇。可是一种商品受到大众欢迎,并不意味着会有一种全球通用的产品——人人有自己的需求,这种需求必须由相同的产品体系来满足。创业初期,亨利·福特通过生产单一的T型车,使其的生产成本大大降低,以致福特经常沾沾自喜地说:"可以选择一种你喜欢的颜色的车子,但目前只有黑色的。"20世纪20年代,针对人们想要购买更高质量产品的需求,通用汽车公司通过生产消费者可自选颜色的汽车,并且每年更换车的款式来刺激需求等方式吸引了更多的消费者,因此福特在与通用的较量中败下阵来。

5. 消费耗时短。消费耗时短是使该商品能在市场上流行的关键——忙碌的消费者必须有时间来享受产品。今天大部分流行的产品,除了可以让消费者享受之外,更主要的是节省了消费时间。汽车和喷气式飞机让出行更快;相比去电影院看电影,摄像机或DVD

播放器使消费者花费的时间更少（吃晚饭时欣赏自己最喜欢的节目，增加全家共处的时光）；用个人电脑写信远比用打字机省时。

保健产业是不会消失的明星产业

之前，大多数保健产品和服务是属于有钱人的专利。我首度体会到保健产品和服务是20世纪90年代，在太平洋沿岸的加利福尼亚州巴利沙达斯装修海景房时，我开始注意到富豪邻居们对食品和保健都很讲究，这才意识到保健产品和服务的存在。自从我成为一名保健消费者后，感受到一旦离开自己住的高级社区，要想获得自己需要的产品和服务非常困难——无论是从餐馆所能提供的保健食品还是旅馆所能提供的锻炼器材。

时至今日，环境为之改变。餐馆竞相提供健康食品，更多新的锻炼场所开业，愈来愈多的维生素和营养补充品在主流广告上铺天盖地，但这些改变足以让保健产业从上流阶层普及到社会大众了吗？回答这个问题之前，不妨先检视一下一般流行产品的五大特点，然后再分析保健产业与这五大特点的联系。

第一，保健产业的产品和服务是否人人买得起？过去要吃新鲜健康食品的只能自己下厨。餐馆除了提供价格昂贵、口味重的菜肴，就是提供包装加工过的食物。今天，保健食品不仅在专门的保健餐馆中可以买到，而且在大部分的餐饮店也可获得，因为大部分的餐饮场所在自己的菜单中添加了实惠的保健营养补充品。同样，降价风潮也发生在保健产业的其他领域：私人教练在固定场所一个小时教数十人，不像以前在私人别墅里专教一个名人，高质量的维生素和营养补充品现在可以轻易获得，也不像以前需要自己搅拌混合。另外，在第七章中还会谈论到，保健产业的产品和服务价格便宜，这会让需要保健的消费者和工人每年每人有数千美元投入到健康消费中去，或者为将来可能发生的疾病治疗节省不少费用。

第二，保健产业的产品不用持续性的广告促销就能"口耳相传"？成功的保健人士身手矫健地干体力活儿或显著减肥之后谈到自己的年龄，他们的同事和朋友都会好奇，究竟有何灵丹妙药让他们看上去年轻、强壮、保持好身材。他们都会给出相同的答案，那就是保健产业的产品和服务。

> 保健产业的产品和服务天生具有比其他产品和服务更强壮的"腿"，只要人们注意到某些人有了一种保健消费的成果，就会立刻效仿以期获得相同的效果。

第三，保健产业的产品和服务能让人持续性消费吗？就其本身特性而言，维生素、美容美体、健身、食物可能是所有经济活动中最具有持续性特点的消费产品和服务了。消费者一旦发现某些产品对他们健康有益，就会成为该种产品和服务的忠实顾客，而且会尝试其他的保健产品和服务。例如，一旦人们开始健身减肥，自然也会开始服食一些营养补充品，寻找更加健康营养的菜肴。

第四，保健产品和服务能否老少皆宜？无论多么壮实，人人都希望更加健康，因为人类对健康、健美的追求无止境。保健产业为解决人类的抗衰老难题提供积极的方案，而不再是仅仅停留在告诉消费者他们正在衰老或健康每况愈下。

第五，最后一点，也是评估保健产业长短期发展最重要的一点，消费者有空闲时间使用这些保健产品和服务吗？无论就整体经济或保健产业来看，答案都是乐观的。

正如第二章所言，现代经济的增长动力在于消费者将他们的税后工资购买必需品，而这些必需品不久之前还属于奢侈品，通常是新近才发明的新产品和服务。可是，仔细探讨这些新产品和服务后，就会发现一个阻碍未来经济成长的矛盾现象。

多数新型奢侈品，无论是哈雷摩托车还是家庭花园除草机均具有一个重大缺陷：享受起来旷日费时，这是现代人生活中最大的矛盾之一。人们拥有的税后工资越来越多，但拥有的消费时间越来越短。相比过去"空闲时间多"和"工资少"的生活状况，今天，绝大多数的工薪阶层工资与拥有的空闲时间恰成反比。

几年前，如果询问某人为什么没有买某种产品，最常见的答案是买不起。今天的答案可能是根本挪不出时间来享受一周或一月前买的新玩意儿。

由于非货币因素的干扰，现代经济可能停滞，除非现代科技能产生新的产品和服务，不需要花费时间就可以尽情享受。

保健产品和服务可能代表了唯一不需要花费时间享受的消费产品。用于这方面的金钱，其效果是使一个人感到更强壮、更快乐、更年轻或更健康，无论在工作中，还是在家庭生活中，时刻都能享受快乐。

毋庸置疑，保健产业会像汽车或个人电脑一样彻底改变我们的生活。在介绍如何掘金具有巨大增长潜力的明星产业和终生产业之前，首先让我们看看保健产业的历史及它为什么会普及。

第一章
第五波革命

财　富　第　五　波

对即将到来的保健革命，我的灵感来自于1996年的一场演讲。

1996年9月7日，星期六，我准备在印第安纳波里斯的RCA体育馆内面对四五万名听众演讲，探讨我的新书《上帝要你富有》。走上讲台前，有人递给我一个信封，里面装着演讲费，短短45分钟的演讲费比我刚毕业时到花旗银行工作的年薪还多。

面对大批等着进入礼堂的听众，心中忽然掠过一丝负罪感，觉得自己仿佛是讹诈他们钱财的骗子。

有一半听众和他们的同胞一样，身体亚健康或超重，从他们无精打采的脸色和臃肿的腰围，可以看出这是日常不健康饮食和不良生活习惯所致。除非他们先学会照顾自己的身体，否则我所要谈的经济将改变生活品质的内容，将是空谈。

刹那间，我心中涌起一股莫名的冲动，想放弃原先准备的讲稿，即席告诉听众，良好的健康是一个人和组织的最大财富，但我还是临阵退缩了。我不想得罪主办方，而且说真的，当时也不知道该怎么做，才能让大家永葆健康。

返家途中，我陷入沉思：为什么所谓精明的人在生活的其他方面懂得如何花费金钱和时间以提高生活质量，却唯独对眼前最迫切需要改善的健康问题视而不见？更重要的，一个不健康或超重的人，该如何才能控制自己的生活？

我们需要一场革命

星期天早上10点,抵达洛杉矶,接着赶到太平洋帕里利塞德斯去见装潢我的海景房的承包商。我们站在外面磋商施工细节,看到邻居慢跑着或骑自行车前往海滩,他们个个充满活力,这令我惊讶。这和我在印第安纳波里斯的RCA体育馆演讲时面对的听众简直有天壤之别,这些邻居好像是来自另外一个星球。

从那个星期起,我开始研究这个课题,想到一个经济学家要动笔写保健和有关体重的文章,就兴奋异常。

很快,我发现许多人不健康或肥胖的原因,和经济学的关系远大于生理学。

> 强大经济压力阻止人们控制自己的健康,甚至促使人们增肥——这种力量如此强大,除非有一场革命,否则这种力量无可逆转。

对许多人来说,在了解发达的食品业(目前在美国年销售额1.3万亿美元)和发达的医疗疾病产业(在美国年销售额2万亿美元)占美国经济总量1/4之前,劝他们去减肥是非常困难的。

肥胖或不健康对一个人的影响,绝不仅止于外表而已。21世纪,性别和种族歧视将成为历史,取而代之的,是根据体重和外表所带来的新歧视。过去,我们常常把贫穷和瘦弱、富裕和肥胖联系在一起;今天,大多肥胖者却居于经济能力弱势一群。

> 富有的肥胖已成为过去；贫穷和肥胖将成为同义词。

令人担忧的是，尽管正享受前所未有的经济繁荣，全美却约有65%的人口超重，病态肥胖者竟然高达30%。这些数字经过短短5年时间（从我写本书第一版的2002年到2007年），就增加了7%—10%。

> 今天，体重和外表就像19世纪家族的姓氏和出身，代表着人们的社会地位和财富前途。

一个肥胖的人，不是指超重15磅，而是病态的肥胖，不但谋职不易、人缘欠佳，甚至对日常生活所需的体力活动，也显得力不从心。

即使标准体重的人，也有很多身体健康情况欠佳，自己却毫无知觉。现代医学灌输大家一种观念：一旦上了年纪，就免不了疾病缠身——糖尿病、头痛、肠胃不适、身体疼痛、疲倦、关节炎和其他各种常见疾病。其实，这些疾病和超重、肥胖一样，都是不良饮食习惯造成的。

2

食品行业的阴谋

产值达到上万亿美元的食品业利用精心设计的广告，对大众进行误导宣传，引诱大家吃下愈来愈多的垃圾食物。通用食品和宝洁这类大型包装食品公司都雇用成批最优秀的人才，专门研究消费者心理和各地区的人文特点。

每逢新产品上市，都运用一条不成文的营销法则：相同的产品，推销给老客户比新客户更容易——让一位每个月吃四包土豆片的常客再买一包新品土豆片，比说服一位从未吃过的客户掏钱买一包容易得多。像荷斯蒂（Hostess）的云奇点心、奥利奥饼干和麦当劳欢乐餐这类加工产品的销售量大都遵循上述的"土豆片营销法则"。

> 对有志加入保健革命行列的企业家来说，了解食品业运作模式是极其重要的。

根据该法则，90%的销售量都是靠不到10%的客户重复消费的。难怪加工食品业中10%的爱用者，大都体重超过200磅，年收入低于3.5万美元。以超重客户为目标的生意的确有利可图，因为这群可怜的人每餐的消费量大约是正常体重者的2倍。

每家食品公司都会把这10%的客户当成实验室里的老鼠，仔细研究，也就是所谓的目标行销。他们通过市场调查，找出客户的喜恶、希望、梦想、偶像和欲望。偶尔也会邀请高消费的客户加入这10%的顾客群，请他们试用新产品、看广告片和提意见。

凡能触动目标市场的心理防线，厂商绝不吝惜金钱。如果该客户群喜欢某位娱乐明星，不久，这位明星就会出现在收音机或电视屏幕上来推销产品；如果该目标市场喜欢某种外观、感觉或生活形态，一群风格大师和设计师就会驾临摄影棚。消费者就像被猎人在近距离内观察得一清二楚的掌中尤物，无处可逃。

有时，那些年薪20万美元的营销主管们会因为参与这种残忍的过程而良心不安，他们不敢直接面对那些潜在的受害者。不妨想象这些主管在家里闲聊的内容："今天，我访谈了10位几乎没有体力参加目标消费群活动的200磅妇女。"或者，他们正和家人边吃着晚餐边说："假如能让这些人再多消费一些我经销的土豆片，4月份每个人胖到210磅时，我就可以完成第一季的销售目标，就可以领一笔奖金带全家到巴巴多斯度假了。"

这位主管说话时，嘴里可能正嚼着健康餐。

垃圾食物文化中，最让人不齿的是广告代言人，广告中，他们都是产品的拥趸，私下里，却避之唯恐不及。

另外，今天许多人饱受情绪变化无常和疾病反复侵扰之苦，无论是暴躁焦虑、忧郁症还是癌症，都和冷冻比萨、低脂饼干一样，是垃圾食品公司的产物。

这些食品公司的恶劣行径还不只是将产品瞄准低收入、不健康、超重的消费者。一旦目标顾客上钩，公司御用化学家就有本事让这些消费者对加工食品上瘾。

比如，给你一个苹果、一根香蕉、一根芦笋或其他的某种天然食物，当你吃下两三口后，你就会想尝尝其他食物，因为每咬一口，味蕾上乐趣就减少一些。但如果给你的是巧克力棒、麦当劳法式炸薯条、可乐或其他经加工处理过的食物，你就会渴望吃下更多同样的食品，因为其中的化学添加剂对你产生了作用，促使你想吃了再吃。这种化学添加剂导致饮食过量、催生肥胖，并且破坏人们寻找多样化食物的天性。

3

你补充维生素了吗

人体每天需要摄取13种重要的维生素，其中多数是体内无法自行供给的。这些维生素和矿物质是维持身体每天数百万种化学反应不可或缺的要素。只要每天吃下多种新鲜蔬菜和水果，就足以满足人体所需的营养元素，而且，人体会自然设定寻找身体所需的各种天然食物。但因为过度进食快餐食品，很多人身体内发生了化学变化，使每天所需的维生素和矿物质匮乏。

人体一旦缺乏这些营养素，短期来说，会出现情绪波动、肢体乏力、关节疼痛、视力减退、听力退化和其他种种疾病，这些都是医学上告诉我们年纪渐长、人体衰老必须接受的事实；长期而言，则可能导致癌症和心脏病等重大疾患。

4

医疗疾病产业行销黑洞

研究医疗疾病产业后才发现，和大型跨国医疗公司的卑劣行径相比，这些食品公司简直是小巫见大巫。我深刻地认识到，经济学家有责任告诉人们如何得到良好的食物和健康。

病人看病时，总认为医生会对症下药，给予最好的治疗，其实不然。

> 对于有志加入保健革命行列的企业家来说，认清今天医疗疾病产业的运作模式也很重要。

就像胖子是食品公司的目标客户，医生则是医疗和制药公司的目标客户。

医院、健康保险公司，有时甚至是医生，其利润基本来源于病人所吃的药或接受的治疗，但这些药和治疗未必是对病人最好的治疗方式。不同的医生对相同疾病开出的处方甚至截然不同，这完全取决于哪一家药品公司在他们的区域有支配性的市场占有率。

当代医疗科技和药品的发展可以说一日千里，往往医学院学生还没毕业，原有的医学知识已经过时。实践中，医疗医药公司雇用的大量销售代表——"联络员"（detail person）则担当了为执业医生普及最新药物和治疗方式的"重任"。所谓"联络员"，就是"迷人、高薪，年轻异性"的婉转称呼。联络员大方地送出免费试用品，并按照医院或医生促销该公司产品全额的多寡，给其巨额回扣。医生及其家人经常收到来自高级餐厅、游轮的邀请以及受邀参加各种观光旅游。他们就是在那里利用纳税人的钱"学习"新的产品知识。

虽然药品公司振振有词，药品价格昂贵是因为研发成本很高，但实际上，药品公司的营销费用远远高于研发成本。另外需要指出的是，在美国，药厂推出新药所需的研发费用，大部分来自联邦政府对大学、医学院和国家健康局的补助。

当患者支付昂贵的处方药时，药费中也包含着厂商的营销费用，制药厂商用这笔钱利诱医生在处方笺勾上"DAW"——按所写配药（dispense as written），意思是说这张处方要用比较贵的品牌药，而不是其他90%处方常用的价格较低的普通药（generic drug）。药厂的利润通常来自过时的品牌药，这些药都是病人多年前第一次发病时所开的，而后长期需要服用的药。药厂会尽量避免告知客户和医生市场上最新的改良药，因为药厂担心患者要求医生更换处方内容时，会将现有的客户拱手让给竞争者。普通药有时候比品牌药更安全或更有效，因为普通药使用普遍，因此往往包含最新的改良配方。

> 教育消费者正确使用处方药——如何取得更有效、更便宜、副作用更少的处方药——蕴含着巨大商机。

近年来，药品公司也开始通过形象广告直接向消费者展开攻势，推销方法与食品公司如出一辙。这些广告的处方药虽然只能依照医生的处方合理调配，但病人已认定广告中这些品牌药是良药，而要求医生开这些品牌药处方。如果医生拒绝，这些病人大不了另找一位愿意配合的医生。

可悲的是，绝大多数医生已经沦为大型跨国医疗公司的产品和服务的"御用技术分配师"，这些企业在利润和患者利益的天平上，总是把利润放得高高在上。

以上种种行为导致美国的药价畸高，以致每年大约有22%的处方药是病人无力负担的。美国65岁以上老年人每个月要在处方药上花300美元，成为最大的个人开销，数百万人被迫在食物或药物之间艰难抉择。在美国一般医疗保险只支付医生的诊费，通常不包括处方药。

该问题以及其他诸种难题，使发达国家医疗救助制度面临两个积重难返的后遗症，这两大难题是经济而非科学问题。

（1）对医疗提供者而言，生产消费者一生都需要的产品，比生产只使用一次的产品更有利可图。这意味着研发经费将用在治疗外在病症而不是根治病因的研究上。

（2）支付医疗费用的第三方——保险公司和真正付钱的雇主，与员工的健康没有长期的财务利害关系。大多数个人几乎无须直接负担或只需支付很少的医疗费用，而且几乎所有预防疾病的费用（如健身、维生素、营养补充品）都不在理赔范围内。

正如我将在第六章中指出的，美国健康保险制度的付费方式缺乏实用性，整个制度毋宁说是劫贫济富。

5 可怜的消费者

在美国，年产值1.3万亿美元的食品产业和年产值2万亿美元的医疗疾病产业由数千家公司组成。这些公司都遵循着一样的经济法则，步调一致地行动，好像是一个巨大阴谋机构的一部分。

就微观层面而言，每次当消费者获得控制健康的真实信息时，食品和医疗疾病产业为保障既有利益，就会不择手段玩弄一些对消费者不利的信息。

譬如，20世纪90年代，社会大众已经认识到了饮食中的脂肪含量是人体热量的主要来源。此时，食品产业立刻做出反应，推出诱人的低脂和脱脂食物，大肆利用广告宣传告诉消费者低脂和脱脂食物想吃多少就吃多少，不用担心身体发胖。食品业者更进一步重新包装不含脂肪的产品，诸如裹糖衣的糖果、椒盐饼干，借此标榜他们推出了全新、健康、不含脂肪的新产品。这些五花八门的广告中，并没有告诉消费者，这些低脂和脱脂的产品含有相当高的糖和碳水化合物，一旦被人体吸收，最终还是会转换成脂肪，更不用说那些含有化学物质的添加成分，长期食用对身体的伤害比"致胖"产品更严重。整个20世纪90年代，肥胖病和低脂与脱脂食品的销售量同步稳定增长。

在宏观层面上，似乎也摆脱不了食品和医疗疾病产业的魔掌。

> 至于如何控制联邦政府、州政府和当地政府，食品和医疗疾病行业自有高招。他们的黄金法则是——给政府送钱，政府就会制定对自己有利的法律。

食品产业的说客已成功游说政府强制规定学校营养午餐和牛奶计划——这只会让孩子们更难摆脱加工食品的诱惑。药品公司也在推动由政府赞助的计划，把数百万儿童暴露于危险的药物之下，以减少饮食不当的影响。

当初设立美国食品与药品管理局，其宗旨是要保护消费者，避免消费者吃下有碍健康的产品。现在却以防止内部竞争和延长药品公司某些药品的专利年限为目标，保护原本是要加以规范的厂商。

新闻媒体为了自身利益，在兼顾社会大众和收视率的情况下，应该向社会揭露这些恶行劣迹，但它们在这方面表现软弱无力。至于消费者自身、媒体从业人员受限于信息不准确，很大程度上不了解这些问题。另外，食品产业和药品公司还是广告媒体，特别是电视媒体的大客户。

举例来说，医学界若干年前就知道饮用牛奶有损健康，但每年从美国乳品协会赚取大笔广告费的媒体对此几乎没有任何报道。想想看，名人拿着丰厚的广告费，给自己嘴上抹个牛奶胡子，在电视上大肆鼓吹喝牛奶的好处，私下里却弃之如敝屣，只喝豆奶，行径何其虚伪。

6

肥胖之灾

根据我对1996年到2002年间的调查发现，美国超重和肥胖人口增加了10%，也就是总人口中有27%的人肥胖和有61%的人超重。这些数字在2002—2007年分别增长到30%和65%。

医疗成本在2000年达到1万亿美元，在2006年则翻番，达到2万亿美元，几乎占美国经济总量的1/6。而这些高涨的医疗费用成为许多家庭破产的主要原因。

想到这些饱受折磨的人们，真的让人忧心。这9000万个病态肥胖、1.95亿超重和健康欠佳的美国人，只因为缺乏资源、信息和动力，而无法捍卫他们最宝贵的资产——健康。

> 开始观察这39%未超重人口时，我意外发现，保健革命的种子已经悄然萌芽。

从发展趋势看，似乎每个美国人迟早都会超重，而且半数以上的人将致肥胖或不健康。我决定密切观察这39%的身体健康、体重标准的美国人的变化，看看我们还剩多少时间。

7

启动第五波革命

在考察这39%没有超重的人口后，我发现有一群约几百万的美国人吃的和活的比以前健康。这群注重健康保健的人，包括社会上的一般平民百姓和靠外貌谋生的明星。这群人已经悄悄地拥抱具有革命性的健康方法——饮食、运动、维生素、营养补充品、医疗照顾和最重要的抗衰老。

古希腊时期，体力、健康和美貌是一个人的美德，就和创造天赋、聪明、勤勉和道德感一样是优秀的要素。他们认为外在美是内在美的表现。而当今的电影明星、脱口秀主持人、娱乐节目主持人和许多政商名流都居住在神秘的世界里，那个世界的基本生理需求（食物、运动、维生素、营养补充品、医疗照顾和抗衰老）完全异于普通人的世界。

理由很简单。这些"精英人士"对健康或健美的追求，永无止境。每个人都希望不管是容貌或实际感觉，都更年轻、更有活力。然而，以前只有少数有钱人才有能力购买市面上稀少、有效的保健服务和产品。如今，它们的价格日益低廉并已走入寻常百姓家；厂商迫不及待地推出各种保健产品和服务取悦于社会大众，以经济手段解决一个本属经济的问题。在我的成长过程中，餐桌上的话题总是离不开家庭财务问题，而现在则愈来愈围绕着健康话题，该吃何种食物、服用哪些营养补充品、如何健身和如何避免生病、抗衰老等。这只是一波强大的保健意识流的开端。

8

第一个2000亿美元

写作本书的初衷是：揭发食品产业和医疗疾病产业的恶行劣迹；教育大众如何才能得到健康和获得良好的医疗照顾。告诉大家一个赚大钱的商机并非我的初衷。但越深入研究肥胖和疾病，就对现况越感到愤怒，越是愤怒，就越觉得大家对健康、饮食和医药使用的思考模式需要革命性转变。我预见到这场革命终将爆发，但从最初研究中，我赫然发现这场革命其实已经进展神速。

今天新出现的保健产业包括：

（1）维生素。

（2）营养补充品。

（3）减肥产品。

（4）皮肤护理产品和服务。

（5）外科整形美容。

（6）自助眼科手术（激光或射线角膜切除）。

（7）皮肤美容。

（8）基因工程（性别选择和提高生殖力）。

（9）牙齿美容与重建（做牙套，移植）。

（10）预防性医药。

（11）健康储蓄账户。

（12）高回报的健康保险。

（13）健身俱乐部（包括教练）。

（14）健身和健身器械。

（15）自助处方药剂：伟哥（治疗阳痿），罗根（促进头发生长）。

（16）保健食品产品。

（17）保健食品饭店。

虽然上述新出现的保健产业在二三十年前并不起眼，但2002年的年销售额已近2000亿美元，相当于美国汽车业销售额的一半。

面对这种经营规模，我就知道保健产业已经不再是少数有钱人或"美丽专家"的专利了。我开始观察何种社会群体是这2000亿美元的主要客户，以及未来消费者的潜在需求。

毋庸置疑，保健产业的产值在往后10年将达到甚至超过1万亿美元，而且保健产业将孕育新世纪的惊人财富，甚至连20世纪90年代末期那些互联网亿万富豪们也将相形失色。

西医忽视营养学

人类有史以来，尤其是有钱人，一直都在寻求保健养生之道。

到20世纪，科学家发现了"疾病和衰老"与"食物和运动"之间的关系。1908年，出生于波兰的生化学家芬克（Casimir Funk）发现了人体中不可或缺的四大氨基物质，他称之为"与生命有关的胺"或"维生素"。芬克长期研究码头工人和其他体力劳动者后发现，体力活动对整个身体的健康和预防慢性病是大有裨益的。

> 这也解释了为什么在推销挑战人们已有观念的新产品或新服务时，商家会采用"直销"模式。当人们遇到挑战他们观念的产品或服务时，通常采取两种简单的方法：改变道路或是沿着旧路走下去——就像在听一位朋友或熟人的话时，礼貌性地打断一样。

细胞是生物学中的基本单位，直径大约20微米。10000个人体细胞才有曲别针的针头那么大。由于技术原因，当时光学显微镜只能观察到直径为可见光波长1/2以上的东西，而单个细胞细菌直径大约只有可见光波长的1/10。

> 今天我们知道，运动、维生素、矿物质和营养补充品所起的关键性的生化作用，是发生在分子层面而不是细胞层面。由于一个细胞由数十亿个分子组成，用简单的光学显微镜就观察不到它们之间的作用。

直到电子显微镜发明之后（但现在的普及程度仍比不上19世纪时的光学显微镜），这时科学家才能研究构成细胞的分子结构和分子的工作原理。这导致了今天多数西医学院教育仍然忽略营养的重要性和维生素、矿物质及自然补给品的效用。

整个20世纪，当西医忽视膳食和运动在预防疾病和衰老方面的重要性时，由于机器的使用，人们以前在家中和工作中所干的那些体力活儿大大减少了；人们日常饮食所包含的多种纤维素和矿物质大大降低，食物加工越来越细，品种越来越单一；食物中脂肪含量增加了75%——从1910年大约占人体所需能量的20%上升到今天的35%。上述种种原因导致肥胖和不良疾病在美国传播，这也为以后保健革命的爆发埋下了种子。

10

保健革命的目的不仅在于赚钱

在本书的结尾，我将探讨正在成长的保健产业和由它产生的巨大财富。

> 在阅读过程中，请在思考自己在风起云涌的第五波革命——保健产业革命中的位置时，始终不要忘记，有些东西比自己的经济收益更重要，那就是你对我们生活世界的影响。

祖先努力奋斗造就今天的一切。经济上，我们生活在和平幸福的年代，而且是我们祖先做梦都想象不到的生活境况。但由于饱受肥胖或健康不佳之苦，新千年开始后，我们人类所遭受的痛苦将比历史上任何时期都要多得多。

美国65%的人口被过度肥胖或营养不良所困，其中大约30%是病态肥胖——已经超重到对自己的体重感到绝望、求助无门的程度。

这些严重营养失调的美国人，经常受到头痛、身体疼痛、肠胃不适、四肢乏力、关节炎和数百种其他疾病困扰，而当代医学则将这些疾病解释为人体的自然衰老。医药公司向人们兜售数百亿美元的药品，而这些药品只是针对病人的症状，医药公司从不解释症状出现的根本原因。相同的情况也出现在西欧国家和其他发达国家，而在中国也出现了慢性疲劳综合病症。

毋庸置疑，保健革命将掀起全面的改革。历史上从没出现一种商机，具有的潜力能像保健革命一样对消费生活的方方面面产生如此不可思议的积极影响。

第五波商机指南

1. 列出10项你最感兴趣的具有发展潜力的保健事业。
2. 评估自己是否可以或者如何以下面三种身份参与保健事业领域。

（1）企业家。

（2）投资人。

（3）经销商。

3. 利用流行产业的五个特点分析每个事业领域。

4. 根据自己以前的技能和经验，选出你最适合从事的三项领域。

5. 分析这三项保健产业的商机已经存在或尚未存在的原因。对于已经存在的部分，分析每个领域的潜在竞争和发展机会。

6. 根据当前的分析，重新思考你原来选择的这三项保健商机，可能会另外做出三项相反的选择。

> 从第二章到第七章，在每章结尾时思考你所选择的三项保健商机，考虑是否应该放弃或调整。

第二章
掘金婴儿潮
The New Wellness Revolution

保健热潮实际上是由1946年到1964年的婴儿潮（baby boom）所带动的。

美国这一时期出生的人口虽仅占全美国总人口的28%，但他们创造的国民财富却占美国整体14万亿美元经济总量的50%。最近，婴儿潮一代发现，保健产业可能是保存他们最珍贵的东西——青春——的唯一密钥。虽然保健产业尚处于萌芽阶段，但由于现代经济需求特性、技术进步带来的经济扩张，以及消费者的重复消费需求，保健产业毋庸置疑地将成为明日之星。

和同龄人一样，我在1994年步入中年后才了解所谓的保健。以前保持健康的唯一方法是，一旦觉得身体发福马上力行节食，因此经常搞坏身体。直到40岁以后，我才每年花几千美元，每天挤出一些时间用在保健产品和服务上。我对食物的要求重点在食用后的感觉，而不是满足短暂的一时之快；我每天服用维生素、矿物质和其他营养补充品；每周举重健身两次，天气好的话就骑越野自行车，每天几乎花一到两小时玩滑板。开始动笔写本书之初，我想全美国像我一样真正保健养生的人，每年的花费应该超过数十亿美元。

如前所述，当我发现2000年全美国的保健支出已经达2000亿美元时，的确大吃一惊。更惊奇的是，这2000亿美元只不过是未来10年保健产业的冰山一角。

婴儿潮一代是保健革命的第一代

美国人口出生率在第二次世界大战后激增。1946年到1964年这段期间约有7800万婴儿呱呱坠地。相比之下，1946年以前相同期间只有5000万婴儿诞生。1964年以后相同期间，尽管人口总数增加，却只有6600万的出生人口。我们把美国在这段期间大量出生的人口称为婴儿潮或婴儿潮一代。

今天，婴儿潮一代（年龄介于38岁到56岁），正迈入生产力的高峰期，社会上迎合他们的现象将持续增加。这群人统治经济的力量至少将持续到2010年，也就是第一批婴儿潮出生的人口到了65岁、在经济和社会的影响力逐渐式微的时候。

婴儿潮对保健产业的经济影响力远远大于其他人群，因为他们的行为方式和上辈人迥然不同——婴儿潮一代拒绝束手无策地接受衰老。最近罗素（Cheryl Russell）写了一本书。该书从营销角度入手对这种现象给予了最佳诠释：

> 婴儿潮人口最重要的现象之一就是他们还是属于年轻人的市场。在他们十几、二十岁的年纪，婴儿潮人口创造了年轻人市场。当这批人到了四五十岁，则证明年轻人市场是一种心态而不是生命的阶段。大多数婴儿潮出生的人口仍保持着那种年纪的心态，不愿意接受父辈的生活态度和模式，能够觉察到这批人口需求的出色企业家，将会掌握这一拨消费者终身需求。
>
> 婴儿潮出生的人口已经创造了历史上最大的股市涨幅、房屋需求以及对国际航空、个人电脑、互联网和运动休闲工具的需求。简

而言之，他们约占整个国家14万亿美元经济体中的7万亿美元。要掌握商机，清楚婴儿潮出生的人口最常购买哪些消费性产品。从2002年出厂看起来就像1956年老爷车的雷鸟敞篷车，到复古的家具和衣服，婴儿潮出生的人口对勾起他们年轻时记忆的产品和服务，都会大量购买。

想想看，如果单单能勾起年轻回忆的东西就能让他们花费大把钞票，那真正能让他们永葆青春或延缓衰老的保健产品和服务，就会有更加广阔的市场。当他们不计代价希望保存最珍贵的东西时，就不难得出婴儿潮出生的人口将促使保健产业成为经济生活中创造1万亿美元的新的消费增长点。

再者，现有的5000亿美元保健业的销售额中，绝大部分是接近1946年出生的人口消费的，而不是后期1964年出生的人口。下一个5年，婴儿潮出生的人口花在现有保健产业相关产品的支出，就会从5000亿美元上升到1万亿美元以上。成长的动力来自消费年龄层的扩张（从43岁到61岁，变成48岁到66岁），部分原因则来自保健产业相关产品和服务的技术进步与效用提升。

> 在接下来的5年中，将有数百种，甚至上千种效果优异的保健业相关产品和服务问世。这包括天然维生素和矿物质，预防感冒和疾病的新型营养补充品，以及真正能延缓皱纹产生和维持细胞活力的天然荷尔蒙和抗衰老的豆类面霜。

5年中增加5倍的市场规模只是开端而已。婴儿潮出生的人口从复古的音乐到住房和独立自主的生活形态欲求，都将成为下一代模仿的对象，而人类下一代也会跟着他们的保健革命步伐前进。另外，就像后文将详述的，美国现在以治病为基础的健康保险制度，正被减重、健身、营养咨询、维生素、矿物质、戒烟和其他数百种有关保健或预防性治疗的新式保健制度取代。

> 到了2012年，1965年到1982年出生的"X一代"人口，将迈入生产和消费的高峰期。这一代和以后几代都会以婴儿潮所建立的积极保健和抗衰老做法，作为标准的保健生活方式。

但保健产业能迅速扩张的主因在于，任何年龄层的消费者只要有第一次使用保健产品的经验，就会对保健产品和服务有无尽的需求，成为一个"上瘾"的消费者。

以上种种强劲的发展趋势，将使美国的保健业产值在2010年超过1万亿美元以上。在探讨这股强大的潮流之前，应该认清当代经济体的需求本质，以及过去与现在十年间，是哪一种经济扩张力能支撑起新兴的1万亿美元产业。

保健需求

大多数的消费者仍旧没有意识到保健产业的存在。但有些人已经有了保健的经验：

- 某位单亲妈妈改变饮食习惯，减重35磅。
- 某男孩服用新型维生素营养补充品后，在学习上比以前加倍用功。
- 某男士利用磁疗治愈慢性疼痛。
- 某位女同学服用紫锥花（Echinacea）后不再因为感冒而缺课。
- 某前自行车选手服用葡萄糖胺（Glucosamine）后，膝伤痊愈，得以重返赛场。
- 某位前列腺肥大的病人因为服用锯棕榈（Saw Palmetto）而免受开刀之苦。

类似的案例俯拾即是。不妨发挥想象力，想象一下，上述每个人经历保健初次体验后，生活中可能有的其他变化：

● 这位单亲妈妈可能会拟订新的运动计划。

● 这个男孩因为学业轻松，开始热衷参加各项运动。

● 这位父亲因为不再受疼痛困扰，为能跟上孩子们的体力，所以想要锻炼身体。

● 这个女同学的父母正考虑该让其他孩子吃哪一种补充品。

● 这位前运动员想要提高记忆能力的产品，因为他已经相信营养补充品的作用。

● 这位前列腺肥大的病人已彻底改变了饮食习惯，并且希望了解其他的保健产品和服务。

上述每个人在第一次使用某种保健产品和服务之后，就会引发数量需求——购买更多相同的产品。更重要的是，当这些保健产品和服务发挥作用后，就会引发品质需求，要求不同或更好的保健产品和服务。由于数量和品质需求的作用，一位对保健产品满意的消费者，可能在人生各阶段都会使用改善生活品质的保健产品和服务，从而成为终身保健消费者。正是保健产品和服务具有这种无止境消费的倾向，所以该产业产值在2012年前将达到1万亿美元以上。

2

失业带动经济增长

假设某岛屿上有10位居民，他们过着自给自足的生活——在一艘船上通过钓鱼谋生。一天，一位传教士向这些人展示了一种新的更加先进的捕鱼方式——用网捕鱼。两个渔民，一个驾船，一个撒网，他们捕到的鱼和10个人用钓竿钓到的一样多。

表面看，小岛上的失业率会从0升至80%，10个渔民当中有8个人因为这项新捕鱼技术而失业。然而，尽管其中8个人没有了工作，这个小岛整体上却仍保持繁荣，因为两个渔民用网捕到和10个人用钓竿钓到的鱼一样多。现在，小岛必须决定如何安排这8个失业的渔民和他们的家庭。他们有三种选择：

（1）立法禁止用网捕鱼。

（2）课征用网捕鱼的两个人总收入80%的税，然后把这些税收分配给另外8个失业的渔民。

（3）他们可以协助这8个失业的渔民在新的产业部门找到新的工作（如教育、医药、食物准备等），如此一来增加整个群体的财富。

通过限制新技术的运用来刺激经济增长，这个社会会成为什么样子？而向最高效的生产者征收总收入80%的税，社会又会是什么样子？当新技术的应用使得某些人变得比其他人更加富有时，上面这些做法往往就是最传统的反应。

从19世纪到20世纪，各国政府纷纷通过推行有利于工会的法案来限制私人企业以技术替代劳力。从1913年到1960年，美国和西欧大幅度提高个人所得税，甚至把税率提高到91%，对产出效率高的公民则会更多（像那些用网捕鱼的渔民）。

美国在1930年大约有3000万农民，生产足供1亿人所需的粮食。往后50年，由于技术的突破使得农民的生产力大大提高，到1980年300万农民生产的食物就足够3亿人所需，这样就有2700万农民或者他们的子孙会转移生产新的产品或加入服务业，以此来增加整个社会的财富。这就是自文明开始以来经济体演进的轨迹。

> 新技术使工人们效率更高，这就导致结构性失业，但是，过了一段时间，这些失业的工人会去生产新的产品或加入新的服务业，以此来增加社会总财富。这一进程中唯一的新事物就是技术演进的速度在加快。

以往数千年或者数百年发生的变化现在几十年、几个月甚至几天就可以发生。这种变革的速度使得今天的员工面临更严峻的挑战，因为一个人一生必须经历几次的职业生涯的改变，而不是经历几代的缓慢演进。

那2700万被取代的农民相对还是比较幸运的。他们有50年的时间使得自己变老，然后退休，亲眼目睹他们的孩子发展自己的新职业生涯。他们的孩子离开了家庭农场而去追求新的职业生涯，他们并不像他们父辈那样幸运，因为他们只有5年甚至更少的时间去适应这种变化。

今天，世界上大多数国家的领导人都意识到如果阻止结构性失业，必定付出经济衰退的代价。这在自由贸易时代尤其如此——跨国企业的雇员可以自由在海外找到工作，这虽然会导致更大的经济总产出，创造出更大的财富，但对个人来说，则会使就业变得更加不稳定，随时面临解聘通知。

3

保健产业的经济学含义

由于经济指标的误导，我们的经济增长确实比报告中说得要快。尽管一些媒体大唱反调，我们经历的失业却大都是结构性失业，这是经济增长的第一个征兆。这些事实也符合保健产业。

> 以目前的经济增长率而言，支撑一项1万亿美元产值的新产业绰绰有余。

就像美国国内生产总值在1997年到2007年从7万亿美元增长到14万亿美元一样，即使对美国经济增长最保守估计，到2012年，美国的国内生产总值也会达到17万亿美元。

经济增长常常伴随结构性失业，因为技术替代个人生产能力，并使他们在自由经济里自由择业，而这将创造另一波经济增长。

对商业人士和企业家来说，主要的问题是：哪一个产业领域会分到这一增长的最大份额并雇用到被技术替代的雇员们。保健产业将会平稳地赢得美国经济下一个1万亿美元的份额，这是因为：第一，不管一个人多么健康，他都希望更加健康；第二，保健产业拥有一般产业都具备的五大特征：

（1）支付能力，即大家都负担得起。
（2）口耳相传。
（3）持续的消费。
（4）巨大的需求。
（5）缩短消费时间，很多消费者其实无暇享受生活，保健产品和服务却不需要占用这些人的太多闲暇。

说起来很浅显，但它们常被忽略，因为消费者直到最近才有机会了解、购买健康产品和服务。时至今日，大多数人依然被告知他们身体功能退化是年龄增长的一部分，人类对此无能为力。

4

维生素如何从医疗疾病产业走向保健产业

维生素和营养补充品产业是保健产业中增长最快的领域之一。此前，它们常常被用于治疗疾病。

缺乏维生素C引起的坏血病是最古老的营养失调疾病之一，这种症状被记录在欧洲十字军的历史之中。它一度是导致英国水手伤残和死亡的最主要原因，直到苏格兰外科医生詹姆斯·林德发现柑橘能根除坏血病之后，情况才大为改观。1795年，"莱姆"果汁在所有英国海军舰艇上强制推行，今天，英国人仍然把它叫做"莱姆"。

缺乏维生素D引起的软骨病，史上早有记载，这种病导致骨骼畸形，在孩子当中很普遍。18世纪这种病开始出现时，人们的医疗方法是食用鱼肝油和晒日光浴，成效卓著。

脚气，或者是维生素B1缺乏病，是由于维生素在谷物被加工处理的过程中流失造成的。从字面上讲，脚气在僧伽罗语（南斯里兰卡部族僧伽罗人的语言）中的意思是"极度的脆弱"，此外，自从1000年前去壳白米被作为主要食物以来，脚气病在亚洲已经有记载了。在上面所述的例子中，科学家只有在治疗因营养缺乏引起的严重疾病时才了解。

20世纪发现13种并不能在人体内生成，却是保持身体健康所必需的维生素。最近又发现这些维生素也能够阻止疾病的发生，使人感觉健康，甚至能减缓衰老。今天，大约50%的美国人要摄取营养补充品进行补充，且这些营养品的销售额达到1000亿美元。然而维生素和矿物质产业只是所有可能作为营养补充品的潜在市场的一小部分，因为生物化学科技刚刚起步，我们将更加了解维生素、矿物质和其他营养物的功效，进而带动整个产业的发展。

就像在第一章解释过的一样，在19世纪，由于还不了解人体的细胞怎样在分子水平上工作，因此医疗疾病产业占据了主导——人们虽然知道许多保健产业的产品和服务，但是却不能充分地了解它们为什么可以发挥效用。

同样，尽管科学现在还不能解释保健产业疗效深层的分子层面上的秘密，但还是可以看到保健产业在美国的销售额每年可以达到5000亿美元，而且这5000亿美元的销售额也只是个开端。

许多潜在的消费者从来没听说过保健产品和服务，更别说享受它们了。就像前面所了解的一样，那些尝试消费保健产品和服务并且感觉良好的消费者通常都会敞开心胸去接触其他保健产品和服务。

就以我个人来说，由于经常参加下坡道滑雪比赛，在35岁到43岁期间，我的左膝盖一直疼痛。每次去看外科医生，都会得到同一个结论：进行外科手术。一位年轻的骨外科医生甚至开玩笑说，日后他孙子的大学学费就靠我的左膝盖了，因为即使进行手术，我下半辈子都是他的病人。43岁时，我终于考虑要开刀了。

开刀前，我开始服用葡萄糖胺，两个月后左膝盖的疼痛竟然消失了。一年后，同样一个外科医生问我是谁为我做的手术。当我告诉他是葡萄糖胺时，他给我照了X光并且告诉我不要把我的经历公布于众，因为那样他会失业的——只有这次他是认真的。我很惊讶，经济学家竟然能教外科医生关于葡萄糖胺的事。

这次经历使我茅塞顿开，我怀疑以前看过的医生一定有很多不知道的事。在进行一些研究之后，就像今天一样，我开始每天服用维生素和矿物质，未来我还会服用其他的营养补充品。

第五波商机指南

1. 做一个关于你和你的家庭目前消费的保健产品的列表，这些产品是你们10年前没有接触的。当你向别人推荐新兴的保健产业时，你自己的故事具有很强的说服力。

2. 根据婴儿潮人口市场（那些出生在1946年和1964年之间的消费者），分析目前有潜力的保健产业。

3. 根据X一代人口市场（那些出生于1964年之后的消费者），分析目前有潜力的保健产业领域。

4. 针对有潜力的保健产业领域，列出可能满足数量需求的产品。

5. 分析每种产品，看看你如何能使产品最终完成向质量的转变——对于不同种或者是更高质量产品的需求。

6. 你所在的地区哪一领域有结构性失业（由于技术进步造成的失业），并且这些失业人群是在你选择的三个保健产业领域中的哪一个领域工作？

> 通过回答以上问题，重新思考、调整你所选择的三项保健商机。

ND
第三章
食品产业商机
The New Wellness Revolution

除享受美味外，人类需要食物，还有三个理由：

（1）能量（energy）：提供体能劳动和心、肺及其他器官运转所需的燃料（热量）。

（2）基本构建元素（building blocks）：提供制造血液、皮肤、骨骼、毛发和体内器官所需的原料（如蛋白质、矿物质）。人体每天、每月都不断有细胞新生更替。

（3）触媒剂（catalysts）：提供把食物转化为能量，从而进入人类器官的化学反应所必需的化学元素（如维生素、酶和一些矿物质）。

人类每过几个小时就需要补充能量，并且每天或每半天就需要特定的食物维持基本构建元素和触媒剂的运转。当人体需要补充能量时，身体会立即产生饥饿构建感的生理反应——我们会感到饥饿。不幸的是，只有当生病时，我们才意识到身体缺乏基本构建元素或触媒剂所需的物质。为了保持肌体的运转，出于人类的本能，需要摄取那些高能量的食物，而那些如糖、脂肪之类的高能量食物吃起来往往味美无比。那些从事食品供应的商人和企业家对人体的生物设定了如指掌，是造成今天发达国家人们肥胖和疾病发生的最主要原因。

提起健康，美国是发达国家里面健康质量最低的一个——美国人是最不健康的，但和欧洲或者亚洲其他发达国家比起来，它却花费3倍的资金在医疗保健上。这种巨大的差别不仅体现在医疗保健的花费上，而且体现在由健康质量的低下引起的抑郁上，这一切都归咎于极其恶劣的日常饮食习惯。

食物供应的两大问题

美国和其他发达国家的大多数人的日常饮食有两大问题：

（1）吃得太多。也就是饮食过量，65%的国民超重。
（2）单靠日常饮食，无法满足大多数人对基本构建元素和触媒剂的需要。

为了了解饮食过量和营养缺乏这两个问题，以及解决这些问题所带来的商机，首先了解我们的身体是如何把食物转化为能量和生命物质的。

> 所有的食物至少含有一种以上的营养素：
> （1）水。
> （2）碳水化合物（包括糖、面包等）。
> （3）脂质（包括脂肪、油等）。
> （4）蛋白质（包括肉、鱼、蛋、蔬菜等）。
> （5）维生素（包括水果和蔬菜等）。
> （6）矿物质（包括水果和蔬菜等）。

当食物进入你的口中，整个消化流程就开始了，这些食物经过牙齿的咀嚼，被唾液中的酶所部分的消化。接着，肠胃中的化学物质也开始工作，把食物消化成上述六大营养素的一种或多种。

2 水的商机

人体60%由水构成，并且每天都需要至少2夸脱（约1.9公斤）的水。据估计，75%的美国人长期处于脱水状态，其中又有37%的人错误地把口渴当成饥饿。如果身体流失2%的水分，就会导致疲劳甚至是心智失常。作为预防措施，每天饮用5杯水能使患结肠癌的几率减少45%，患乳腺癌的几率减少79%，而膀胱癌罹患风险则减少为50%。

要尽量避免在用餐的时候饮水。否则，胃中的化学物质会因水的冲释而作用变小，并且会导致很多有价值的营养物被水带走而不是被你的身体吸收。

> 商机：在最为合适的时间和最适宜的地点，每天为你的客户提供干净和健康的饮用水。

3 热量

在六大营养素中，只有碳水化合物（每克含4卡路里）、脂质（每克含9卡路里）和蛋白质（每克含4卡路里）提供能量。

女性每天大约需要2200卡路里的热量，而男性则需要2900卡路里。如果一个人每天进行竞赛性训练的话，他或她每天消耗的卡路里比静止不动的人消耗得多。下面的表格显示的是每小时不同的运动所消耗的卡路里。而无论哪种形式的运动，人类身体出于满足如呼吸和血液循环之类的新陈代谢所消耗的能量可以占到这一行为所消耗能量的65%。

30分钟的不同运动方式所消耗的热量指数（卡路里）

运动方式（30分钟）	体重120磅的人	体重175磅的人
以每小时14—16公里速度骑车	288	420
滑雪（下山式）	230	346
骑自行车登山	230	336
慢跑	191	278
游泳（中速）	166	242
网球（单打）	166	242
高尔夫球（背球具）	166	242
每小时4公里速度步行	140	205
常规的举重	94	136
高尔夫球（坐车）	94	136
静坐	29	42
睡觉	25	37

当每天摄入的热量超过身体所需时，多余的热量就会转化为脂肪。符合人体正常需要的脂肪大约占身体总重量的15%—25%，这些脂肪对肌体的正常运转十分重要。这些肌体的运转包括保持体温以便身体能够吸收消融脂肪的维生素，对极度重要的器官起缓冲作用等。如果肌体内脂肪很少，为了满足获取能量的需要，肌体就会破

坏性地分解肌肉和内部器官来维持所需的能量。

然而，如果某一段时间内所摄入的热量远远超过身体所需时，就会产生多余的脂肪，这些脂肪会被堆积到身体各处。对男性来讲，会首先堆积在腹部，对女性来说，则会出现在大腿上。多余的脂肪往往导致疲劳、心脏病、癌症、糖尿病等数百种疾病。

4

为什么脂肪难以消除

理论上，储存的多余脂肪在人类肌体再需要更多的热量时，会重新转化为能量。但由于以下四种主要原因这种情况不太容易发生。

（1）在将脂肪重新转化为能量之前，肌体已经储备了糖分之类的碳水化合物。

（2）在使用储存的脂肪之前，身体会发出寻找食物的信号。

（3）因为饮食过量，肌体已经自动设定需要较高的脂肪的水平才能满足新陈代谢的水平。

（4）与史前人类相比，现代人类肌体对食物需求的生物设定也在发生变化。

首先，就像饥不择食的人会食用大量食物一样，人类肌体首先会消耗易于转化的能量。高热量食物中的分子结构最简单，因此最容易被很快转化为能量。这就是为什么一些人很长时间没进食或者在进行艰苦的训练之后渴望进食碳水化合物的原因。

与此对应，脂肪的分子结构十分复杂，并且需要额外的能量和时间来重新转化为能量。人类肌体总是在分解消化储存的脂肪之前首先消耗可利用的碳水化合物以补充能量。

其次，当一个人需要能量时，在多余的脂肪被转化之前早已饥肠辘辘。人体的生物设定是要求每次进餐都尽量多吃食物，仿佛没有下一餐似的。一般来说，就食时，从饥饿感到产生饱足感需要10—15分钟的时间，这就是当主菜上得比较晚时，我们为什么不再感到饥饿的原因。

再次，当一个人的脂肪增加，例如他或她在度假时大吃大喝，体重增加15磅，其日常基本的新陈代谢对热量的需求就会增加。以前，他或她每天对热量的需求是2500卡路里，而现在为了消除饥饿感他或她每天需要3000卡路里热量的食物，他的身体和食欲会达到一种新的平衡，这种新的平衡有额外的15磅的负担。只要食物充足并且听从其胃口的指挥而纵情吃喝，他或她的体重将会有增无减。

> 一旦超重，他或她大多会采取积极措施（如调整食谱、增加营养补充品）来减肥。

囤积的多余脂肪较难转化为能量的主要原因是，当初人类的祖先在体内储存能量的生物设定，大都是以低脂肪的蔬菜类食物（偶尔有一些猎获的肉食）为主。而且肉食含有的脂肪也比今天的肉类脂肪含量低很多，过去猎获的肉食其脂肪只占总重量的5%，而今天工业化生产出来的和有激素催生的家禽肉中脂肪的含量占总重量的30%。

> 在20世纪，人们日常饮食中脂肪的含量几乎翻了一番——从1910年的20%到今天的35%。

这个35%的平均数不能掩盖涉及健康的这样一种事实：数百万美国上层人物的日常饮食中的热量只有不到20%来自脂肪，而其他人的日常饮食中热量的50%以上来自脂肪，正是这些脂肪，对生命健康构成潜在威胁的，人会因为摄入高脂肪食品而死亡。专家认为，人体所需热量的生物设定是：大约20%来自脂肪。

5

蛋白质、维生素和矿物质的重要性

日常饮食的第二大主要问题，是人们从日常饮食中得到的身体所需基本构建元素和（或者）触媒剂的最低需求量不足。

尽管大多数的成年人认为他们的身体已发育完全，但是组成器官的各个单一细胞需要以一天到一个月的时间来更新替换。

> 人体每天生产2000亿个红细胞，以备周期为120天的更新血液中红细胞之用。皮肤的全部更新期是一到三个月。而断裂的旧骨骼被新骨骼取代则需要90天时间。

这些组成更新旧器官的细胞含有超过10万种不同的蛋白质，这些蛋白质是由20种不同的氨基酸构成的。食物中的植物和动物蛋白质包含有氨基酸，它是身体构建活组织结构之必需。

> 如果没有蛋白质、维生素和矿物质的日常供应，不论获得多少卡路里的能量，身体都会每况愈下，因为这不能完全替换人体内部和外部器官已经死掉的细胞。

食物当中含有许多必需的矿物质，它是修补和再生身体活组织所必需的。基本矿物质共有14种，一些是触媒剂而不是基本构建元素。其中有7种矿物质（宏量元素）我们每天都需要100多毫克：钙、氯、镁、磷、钾、钠和硫。

另外7种是微矿物质（微量元素），像铁和锌等。为了提供基本构建元素需要的蛋白质和矿物质，每天的食物要包含13种至关重要的维生素当做触媒剂把食物转化为能量，还能把氨基酸转化为身体组织结构的组成部分。触媒剂作为一种促进特定化学反应的物质必须以很少量的方式存在。譬如，如果没有维生素B3的话（叶状蔬菜和粗谷类植物中含有维生素B3），身体就不能分解吃的植物和肉类蛋白质，进而把它们转化为基本的氨基酸。如果你的身体不把摄入的蛋白质转化为基本构建元素，那么不管你摄入了多少蛋白质都是枉然。

> 当摄入的蛋白质、维生素和矿物质不足时，起初，人们会产生情绪波动、疲劳、焦虑、头痛、思维紊乱以及肌肉无力的症状。如果长时间缺乏，会诱发癌症、高血压、老年痴呆症和许多其他我们习惯性地认为衰老导致的疾病。

现代医药只是用药物治疗疾病，却治标不治本。正本清源的做法是关注我们吃的东西，或者说，应该关注营养不良是缺乏哪些营养素造成的。

在身体发出警告，告诉你缺乏某些关键的营养素之前，不必过于担心，因为身体每天需要的蛋白质是少量的，需要的矿物质和维生素则更少。

女性每天需要46克（1.6盎司）蛋白质，而男性则需要58克（2.0盎司）。由于牛肉和罐头公司具有误导性但又有成功的广告运作，使得大多数人认为他们需要的蛋白质要比上述的数量多很多。颇具讽刺意味的是，肉类和奶类品中含有的蛋白质其实很少，而且和其他富含蛋白质的鱼类、豆类、面包以及蔬菜相比，它们还含有很高的有害脂肪。

人类每天对身体需要的13种维生素的剂量不同，从每天60毫克的维生素C到每天200毫克维生素B8。只要每天吃新鲜食物，就可以满足身体所需的维生素。

同样，身体所需的14种矿物质也包含在新鲜的食物中，而且含量非常充足——100毫克只是3‰盎司。

而坏消息是：

> 尽管身体每天需要蛋白质和矿物质相对很少，尽管天然食物中含有的这些营养素很多，但今天我们所吃的工业化食物，远远满足不了人体所需的营养摄入量。

6

现代人类在空热量(高热量、低营养)的食品世界中挣扎

今天，我们的食品供应被营养专家称为空热量食物，含有高热量却只有少量（或缺乏）维生素、矿物质和蛋白质等营养成分。

每人每天所需的热量仅为2200—2900卡路里，但每天必须摄入蛋白质、维生素、矿物质以及对身体有益的脂肪及其相关热量。加工食品的标签上印有营养成分，仅仅快速浏览一下就可以得知在吃下大量热量的同时，还缺少哪些营养素。

一罐普通汽水包含140卡路里的空热量（此外，它还含有38克的糖、70毫克的盐、咖啡因、各种各样的防腐剂，但是没有一点儿蛋白质、维生素和矿物质，这就是营养学家们所谓的"空热量"）。一份标准的快餐含有惊人的1000卡路里的热量，有时甚至更多；但是，蛋白质、维生素和矿物质的含量却少得可怜。一盎司乐事炸土豆片含有230卡路里的空热量，外加270毫克的盐。

> 但最糟糕的，还不是缺少什么，而是添加了什么！许多经过加工的高热量和低营养的食物，其脂肪含量高得让人难以置信——厂商为了使食物更加美味可口而添加大量高脂肪物质。

一份标准的健康食品，其热量20%来自脂肪（每克脂肪中含有9卡路里的热量），而其余热量则来自碳水化合物和蛋白质。一个麦当劳大汉堡包含有的热量就高达810卡路里，其中有490卡路里的热量来自脂肪（55克，相当于61%）。尽管没有炸薯条的帮忙（一份中等包装的炸薯条中含有450克的额外热量和22克的脂肪），55克脂肪的量也足够你消耗一整天的，这还不是消费一顿麦当劳所获得的总热量数。一个美国人平均每周要吃掉三个汉堡包，外加四份炸薯条。

> 与此相反，天然食品（没有加工过的）中含有很高的热量、维生素和矿物质，但脂肪的含量却非常少。

水果中含有大量的维生素、碳水化合物和矿物质，而且几乎不含脂肪。一根香蕉有103卡路里的能量，但没有脂肪。新鲜蔬菜含有大量的维生素和蛋白质，但是几乎没有脂肪。甘蓝菜没有一点儿脂肪，却含有5克蛋白质，而一个中等大小的马铃薯含有100卡路里的热量和6克蛋白质，也没有一点儿脂肪。

此外，食用天然食物时，你会自然对刚吃过的东西感到淡而无味，会主动寻求其他天然食物——它们含有身体每天必需的各种维生素和矿物质。

鱼、牛肉和鸡肉含有丰富的蛋白质、维生素和矿物质，不含碳水化合物，但脂肪含量差异很大。一条6盎司重的食用鱼（如大型比目鱼）含有35克蛋白质和2克脂肪。而6盎司牛里脊肉做的牛排含有39克蛋白质和55克脂肪。6盎司的食用鸡含有46克的蛋白质和25克的脂肪。

遗憾的是，今天我们吃的食物和先辈相比已大大不同，即使和父辈相比也有很大的差别。以前人们不但在家就餐，主食也是新鲜食物，其中脂肪、盐分以及化学添加剂很少。

> 今天，人们由于忙碌以至没有时间去做以新鲜原料为主的食物，而会大量购买经过加工的包装食品。这些加工食品添加了大量的脂肪、碳水化合物、盐以及化学添加剂。

自1970年以来，人们不在家就餐（在餐馆或者野外就餐）的比率增加到50%。在外就餐的食物和在家就餐的食物相比，前者含有更高的脂肪和盐，但维生素和矿物质含量却很少（即使和在家用半成品、加工食品做饭相比，在外就餐仍含有更高的脂肪）。颇具讽刺意味的是，人体的生物设定有嗜好脂肪的倾向。

乳品业的骗局

牛奶和牛奶副产品是美国2万亿美元医疗疾病产业最主要的贡献者之一——牛奶能引起过敏症、肠胃胀气、便秘、肥胖、癌症、心脏病、传染性疾病以及骨质疏松症。

没错，牛奶会导致骨质疏松症！尽管大量的欺骗性广告都如美国奶业协会宣称的牛奶能防止骨质疏松症，但这是不争的事实。

经过科学研究发现：喝牛奶更容易诱发骨质疏松症而不是避免它的发生，这是由于钙从骨骼中流失造成的，和钙的摄入没有直接的关系（你喝牛奶来补充钙是不科学的），因为牛奶中蛋白质的数量和结构会导致骨骼中的钙大量流失。对那些希望在成年时期补充钙来使骨骼强壮的人来说，蔬菜中富含天然钙，而且更加健康，人体也更易于吸收，含量也更为充足。此外，一杯热带产的富含钙的橘子汁比一杯强化牛乳中含有的钙量要多，前者含有350毫克，而后者含有302毫克。此外，撇开钙的摄入是否能避免骨质疏松症不论，尽管美国奶业协会的牛奶广告宣称摄入钙是为了避免成人和老年的美国人患骨质疏松症，但是，人成年后，骨组织停止生长，钙的摄入能避免骨质疏松症的作用也就失去了。

除了上面对牛奶诱发骨质疏松症的大量论述外，牛奶还含有荷尔蒙并能携带一些传染病。一头奶牛自然状态下每天能生产10磅牛奶，然而今天在牧场里受尽折磨的乳牛，每天最多可以生产100磅牛奶。这是因为今天的奶牛被喂食了大量含有特殊荷尔蒙的生长素（BGH）以增加牛奶产量——这使它们的乳房长得过分大，以至于它们的乳房经常拖拉在地上，而导致连续的感染，需要不间断地使用抗素。美国农业局允许每千分之一公斤饮用牛奶含有100万—150万的白细胞。这些荷尔蒙、抗生素和脓汁在加工后并不消失，在被人体摄入后会导致可怕的疾病，尤其对儿童的健康造成重大的危害。

随便哪一位美国女性内衣制造商都会告诉你，在过去几十年里，由于牛奶中荷尔蒙生长素的缘故，他们的销量非常好，这是因为荷尔蒙生长素和其他荷尔蒙导致年轻女性乳房增大，并且降低了初潮的年龄。但内衣制造商们不会告诉你的是，这些荷尔蒙也是诱发成年人乳腺癌的罪魁祸首，因为这些荷尔蒙的摄入能诱发人们乳房中恶性肿瘤的出现，就像这些荷尔蒙造成奶牛的乳房异常增大一样。尽管许多消费者群体都呼吁禁止含有生长素和其他激素的牛奶上市出售，或者是至少给这些含有生长素和其他激素的牛奶加上标签，但是美国食品药品管理局却向美国奶业协会妥协，拒绝禁止这些激素类牛奶上市或者清楚标示出来。

牛奶的生产对于环境和牛本身都是一大危害。一头奶牛每天可能产100磅的牛奶，但是它每天也有120磅的排泄物，这和24个人的排泄量等同（但是厕所、下水道或者净化结构没有计算在内）。每头奶牛每天消耗掉81磅的谷物和蔬菜，外加45加仑的水。一头牛的自然寿命为20—25年，而乳品业的奶牛的寿命只是4—5年，由于激素的经常性刺激以及经常人工受孕，奶牛奄奄一息，从一种生物变成了一部古怪的制乳机器。

> 乳品业最大的危害不在于它们能诱发疾病，虐待动物或者对环境的灾难性影响，而是它们导致美国65%的人口超重和肥胖的主要原因。

尽管饮用牛奶和进食奶酪可能使一个女孩的乳房可以像布兰妮的一样丰满，但是大量饮用牛奶和吃奶酪却可以明显的给一个女孩像已故歌手凯丝·艾略特一般粗壮的大腿和肥胖的臀部（凯丝·艾略特是历史上最伟大和最令人感到温暖的歌唱家之一，不幸的是，就像她们乐队所演唱的那样，她极其肥胖，并于33岁时在伦敦守护神大剧院演出后突发心脏病死亡；而她也被人们称为"胖妈妈"）。

一个美国人平均每天要吃掉超过4磅的食物，其中40%是牛奶和乳产品。牛奶中不含纤维质，但却含有大量的脂肪和胆固醇。一杯牛奶中含有49%的脂肪，奶酪中含有超过65%的脂肪。牛奶确实应该被称为"液体肉食"——一杯重12盎司的牛奶中含有的脂肪足有8条培根肉中的那么多。谈到超重和肥胖问题的诱因时，牛奶比牛肉更为严重。一杯12盎司重的牛奶含有300卡路里的热量和16克的脂肪，而12盎司重的牛肉含有144卡路里的热量，但是没有脂肪。加入一杯咖啡的四汤匙牛奶含有15克的饱和脂肪，而这是人每天要消耗的脂肪量的80%。为了掩饰这些毋庸置疑的事实，乳品业公司又欺骗性地出产了2%的低脂肪牛奶。现实中，这种形式的牛奶中含有24%—33%的脂肪热量，而且含有的脂肪量仅比全脂牛奶含3%的脂肪少一点点。牛奶生产商们还肆无忌惮地给家庭小作坊生产的奶酪以商标使用许可，而这些奶酪超过20%是脂肪。这促使美国食品药品管理局命令乳品业者不得再以"低脂"或"无脂"促销乳制品。

> 一般认为，牛奶营养价值很高，因此厂商们绞尽脑汁生产出价格低廉的牛奶，然后利用赚来的高额利润建造一个庞大的行销组织和政府游说组织，譬如广为人知的美国奶业协会。

美国奶业协会游说联邦政府就产品过剩给以产品补贴，然后通过学校强制午餐计划强迫牛奶进入孩子的日常饮食中。我说"强迫"，乃因众所周知，很多的亚洲人对乳制品敏感，但是，我怀疑不分种族的大多数成年人对乳制品都无法适应。白种人是乳品业的主要消费者，但是，他们不得不接受随之而来的一系列过敏、心痛、胃痛、腹泻、胀气以及糖尿病等常见疾病，并且不断服用成药，但也只能是"头疼医头，脚疼医脚"。

> 随着消费者对饮用牛奶的负面影响渐渐有所了解，他们逐渐养成一种对保健替代物的嗜好。这不仅对乳品业来说是如此，对其他数以千计并占据现代食物链条的非健康食物也是一样。此外，会在下面谈到，捷足先登的企业家又将大有收获，获取可观的利润。

8

保健新宠：豆类

幸运的是，有一种能替代牛奶的高能量、低脂肪的食物，它能长久保存，极其健康，还能预防疾病，对环境也没有破坏并且花费相对较小：这种食物就是豆奶和以大豆为原料的其他食物。然而，遗憾的是，美国和其他西方国家的人们对此知之甚少。更具讽刺的是：美国总人口只占全世界人口的不到5%，但是美国生产的大豆却占全世界大豆总产量的大约一半。每年有300万蒲式耳(1蒲式耳相当于36.4公斤)的大豆生长在美国，其中98%是用作动物饲料或者用于工业原料，只有2%直接供人消费，而这2%的大豆中绝大部分卖给了日本和其他国家，这些国家的日常饮食中早就有充足的大豆食品。

> 将农场生产的用来喂养动物的大豆转化为生产专供消费者食用的大豆，这对从事农业的企业主来说是一个最大的保健产业商机。

19世纪早期大豆开始进入北美，大豆起初不是食物而是作为船只上的压舱物。1904年，一位著名的非洲裔美国化学家乔治·华盛顿·卡默尔（George Washington Carver），发现大豆蛋白质含量很高，适合当动物饲料，并且同时发现农民能通过一年到三年轮流耕作大豆来生产高质量的棉花和其他农作物。亨利·福特利用大豆为原料生产了很多汽车的塑料配件，到1935年，每辆福特汽车要消耗掉60磅的大豆作为配件原料。

但是，最近发现大豆的最大好处是：在人类健康食谱中，大豆可列为主要食品。对人类来说，大豆是低脂肪和高蛋白的最好来源。而且，大豆含有很高的医药价值，它能预防许多疾病，如骨质疏松症、心脏病和癌症。

大豆的钙含量高，而且和牛奶不一样大豆并不包括使骨骼中钙流失的酪蛋白。大豆甚至能够预防骨质疏松症，因为在大豆中发现的异黄酮能够增加骨骼中矿物质的含量和提高骨骼的密度。异黄酮是在人体器官内合成的无色有机化合物，如果异黄酮的含量足够充足，就会影响动物的内分泌系统。另外一种名为金雀异黄素的大豆异黄酮，如果添加到装有活癌细胞实验试管中，能够阻止癌细胞的生长。其他种类的异黄酮可以降低更年期内女性潮热病发的强度和频率，作用类似于女性荷尔蒙补充剂。此外，因为大豆中的蛋白质对心脏病有明显的预防效果，所以美国奶业协会通知大豆生产者可以声明：消费者如果每天摄入25克的豆类蛋白质，就可以降低（有害的）胆固醇量，减少心脏病发生的危险。一年以后，美国心脏病协会也支持同样的说法。

同相同重量的牛肉、鱼肉或者鸡肉相比，大豆含有的蛋白质更高一些，而且大豆中几乎并不含有胆固醇和饱和脂肪。而且，对那些想限制或者不想摄入肉类蛋白质的人来说，唯一高含量的植物性蛋白质当属豆类蛋白质。就如前面提到过的一样，人类需要的20种基本氨基酸都是来自蛋白质，其中11种可以在人体内生成。其余的9种必须从食物中获得。豆类蛋白质能够提供身体不能生成的那9种氨基酸，这使得豆类蛋白质和牛奶或者肉类中的蛋白质一样非常的完美，不仅不含有激素、饱和脂肪、热量，而且也不会对环境造成污染。

中国种植大豆及制造豆类饮料已经有了五千年的历史，同时，风行全亚洲也有几个世纪之久。而在西方，奶这个字眼从12世纪起就被用作定义一种女性为养育幼儿自乳腺所分泌的液体，或未成熟谷粒的汁液。但是，所有这些根本不能阻止牛奶生产商们厚着脸皮向美国食品药品管理局提出抗议，要求禁止豆奶制造商在广告中使用"奶"字眼，说这些广告中所说的奶一定要来自奶牛。如果美国食品药品管理局坚持有关牛奶和牛奶广告要陈述事实，那么，就需要规定牛奶都要标示"牛浓"含量，并且每盒鲜奶上面都要印有警告语，就像在香烟包装盒上做的一样。例如，外科医生警告，人类消费的牛奶能够诱发过敏、便秘、气多、细菌感染、骨质疏松症、肥胖、心脏病以及癌症。

> 以科学观点来说，豆类食物作为非常健康的食品，早就应该在我们这个时代受到追捧。但不幸的是，科学和西方的日常饮食毫不相关。一旦涉及食物，我们总是被习惯、口味和便利所控制。

一般人并不愿意尝试新的食物，他们习惯于早上喝一杯牛奶或者中午吃一个汉堡包。我们当中那些渴望尝试新鲜食物的人，通常也只是满足口腹之欲，而不是为了长期的健康。即使人们对豆类食物相当熟悉，并且吃起来感觉良好，但是，如果要真正影响一般人的饮食，就必须像麦当劳的麦香堡或者是可口可乐那样便利，随手可得。

9

豆奶商机：构建全新健康生活方式

1970年，史蒂夫·狄玛士从邻居那里借了500美元，开始在自己公寓里制作豆腐。起初，豆类市场很难打开。白波公司曾尝试生产各种各样的豆类食品以拓宽这个狭窄的市场，最终推出了"思尔克"牌豆奶。

思尔克牌豆奶是用有机大豆制作的豆奶，以冷冻盒包装的形式卖出，标上保鲜期限，使它看起来就好像是几夸脱或者是半加仑的普通牛奶。豆奶中加入了香草、巧克力、茶以及咖啡香料，而其中一种思尔克牌的豆奶中则加入了法国香草。对消费者来说，这种新型的豆奶是新鲜的、似曾相识以及便利的，特别是在美国91%的超级市场都可以买到。

思尔克牌豆奶推出后不久，1997年白波公司的销售额就提高了37%，从600万美元提升到820万美元。以思尔克牌豆奶为旗舰产品，白波公司的销售额在1998年又增长了24%，达到1200万美元，而在1999年更是增长了39%，达到1420万美元。之后在美国食品药品管理局和政府其他组织对豆类产品的好处大加吹捧之后，白波公司的销售额又翻了一番还要多，并在2000年达到2960万美元，在2001年又几乎增长了3倍，达到了8050万美元。在2002年，销售额又达到1.8亿美元，2003年是2.4亿美元，在2004年则达到3.62亿美元。

1998年，狄玛士把公司的一小部分股份卖给了美国第二大乳品业公司迪安食品有限公司，但白波公司从来不使用它们的新乳品业合作者迪安的任何运营资源。取而代之的是，融合了乳品业和最赚钱的饮料业的优点，重新改造了思尔克牌豆奶的生产线。白波公司开始在自己公司拥有的面积达2000平方英尺的工厂里生产高质量的精制豆奶，用专门运牛奶的卡车运到五个主要的乳品工厂以制作和包装思尔克牌豆奶，白波公司仔细地挑选这些乳品工厂，并确保成为它们总体中的重要一环和一个最赚钱的客户。这些乳品工厂不仅保证思尔克牌豆奶无限制的生产能力，它们还有运输车和销售组织以使得思尔克牌豆奶的乳品工厂出现在当地超级市场的乳品类柜台里。

尽管大多数人把思尔克牌豆奶看做是牛奶的一种替代性选择，但是狄玛士却并不把乳品工厂看做是它的竞争对手。"它不是牛奶的替代品，"狄玛士说，"我们是一种选择，我们并不想成为牛奶业的敌人。我们要超越竞争对手从而变得独一无二。我们追赶可口可乐和追赶牛奶业差不多。"据他讲，白波公司要生产一种塑料瓶装的重11盎司而外表看起来像软饮料的思尔克牌豆奶，但是它的储存期是在常温环境中能保质120天。在美国每个人平均每年要消费掉24.2加仑的牛奶，而每个人平均要消费掉的软饮料则达54.6加仑。

2003年，狄玛士和星巴克达成协议，生产一种特别的思尔克牌豆奶，用来与浓咖啡和茶类饮料搭配。

2002年，狄玛士以市价2.95亿美元的价格把白波公司卖给了迪安食品有限公司。

卖出白波公司后，大多数人认为迪安公司的企业文化会严重影响白波公司。然而，出人预料的是，事情朝相反的方向发展，白波公司的企业文化大大影响了迪安公司。狄玛士得到了提升，不仅仍旧管理白波公司，而且成为迪安食品公司下属冷冻产品公司的总裁，这家公司的营业额达12亿美元，其中包括"地平线"牌有机牛奶。在2002年到2004年间，史蒂夫演讲中有一句闻名遐迩的话："到底谁买了谁？"

10

现代食品创造保健商机

企业家和商人为了使食物变得美味、可口而增加脂肪，他们的本意不是创造一个国民体重普遍超重的国家，也不是为这个国家造就胖人。他们对食品进行罐装和加工，是为了延长储存时间，而不是降低维生素和矿物质的含量以及减少食品的健康程度。此外，企业家和商人为了使食物能在超市长久保鲜，为了使其外观变得光鲜、亮丽，色泽诱人，而在食物中加入氢处理油，这样做的本意不是把好的脂肪变成坏的脂肪，也不是为了增加人们罹患心脏病的危险。不幸的是，由于市场经济的综合作用导致数以千计的食品厂商对上述做法趋之若鹜，导致食物供应中的诸多问题，看来就像一桩恶毒的阴谋。

消费者因为口味被惯坏，以及对营养认知不足，厂商于是顺势推出满足消费者不当需求的产品。下一章将探讨由于信息越来越发达，消费者健康饮食观念也在改变，将衍生出对保健产品和服务的新需求；这一背景下，食物厂商和供应商也被迫开始重新定位食品产业，步入健康产业革命，以避免被这一趋势淘汰。

真正的财富是属于那些率先满足消费者对保健需求的企业家

们！他们事先积极研发产品和铺设渠道，等待生意上门。

> 虽然食品供应中的问题让人忧心忡忡；但问题的背后也隐藏着巨大的机遇——为消费者提供健康食品和营养补充品，已解决日益恶化的食品供应问题。

11

第五波商机指南

作为企业家或者保健产业专业人士：

1. 分析新兴保健产业革命将如何改变食品供应。具体说，对下列营养素将产生怎样的影响。

　　(1) 水。

　　(2) 碳水化合物。

　　(3) 脂质。

　　(4) 蛋白质。

　　(5) 维生素。

　　(6) 矿物质。

2. 分析肥胖的流行将为你的三项保健事业带来什么商机？

3. 分析你选择的三项保健事业对热量的影响，包括：

　　(1) 消费者摄取的热量。

　　(2) 消耗热量。

4. 史蒂夫·狄玛士把他最为危险的竞争对手变成了最好的同盟者，这是通过生产一种替代牛奶的保健产品，而这些产品又由这些牛奶工厂分配来实现的。那么，你就要分析你或许也可以类似地通过一个很好的公司或者工厂来分配你的产品。在选择你的战略合作者时，你选择的极具发展前途的保健产业是如何定位呢？.

5. 想想你选择的三项保健事业对帮助人们建立正确的饮食观念有何潜在商机？

6. 在相同的情况下，你选择的极具发展前途的保健产业领域里什么样的产品要被取代，此外，针对竞争对手里的制造商或者工厂你要采取什么样的行动？

> 通过回答以上问题，重新思考、调整你所选择的三项保健商机。

第四章
医药健康产业商机
The New Wellness Revolution

让食物成为你的药，让药成为你的食物
　　　　——希波克拉底（公元前460年至公元前377年）

　　医药健康产业大量的财富都是由医药产业领域之外的人所创造。在这一章，我会讲述以下几个人的故事，首先是一位经销商的故事，这位经销商发明了多种维他命剂，其次是两位医药博士扩大了传统医药领域，再次就是一位特别的女运动员，她用了一亿美元打造自己的健康俱乐部商业，还有一位是按摩师，他发明了麦当劳特许经销模式，最后是关于一位大学教授的，他改变了职业的面貌。

　　很多消费者都错误地认为健康应该来自于传统的疾病医疗提供者，如医生、医院以及医药公司。这就是为什么每一个健康领域的企业家都要能够阐释保健医学的历史以及目前与我们身体健康、健美、年轻有关的科学知识现状如此重要的原因。

1

打开黑匣子

有史以来，人类身体就像一部黑匣子——设计精密，功能良好，但是内部运作却很神秘，人类不是看不到，就是无法理解。

上古时代的人类形成了这样一种观念：疾病是遭受天谴，要想治愈疾病，就必须祈祷和忏悔。那时，人们对医药没有任何概念，因此也不能对疾病施加影响或者是去改变它。而那些自以为有一些医药实践经验的人相信，要治愈这些疾病就需要把导致疾病的恶魔从人体中驱赶出去，那些所谓的"医师"发明了复杂的宗教仪式和技术方法，如钻孔以治愈疾病（就是在人头骨上钻一个孔）。

最早对上述观念进行驳斥的人是古希腊医生、现代医药的奠基人希波克拉底。他所写的希波克拉底誓词流传至今，今天医学院学生毕业时仍然诵念这段誓词。不幸的是，今天医药的发展已经和这位医学之父最重要的信念渐行渐远。

希波克拉底把人类的身体视为一个整体而不是各个器官的总和，而现代医药却经常孤立地治疗每个器官或者一种疾病。

希波克拉底对病人的背景和习惯进行研究，如他们的职业、日常饮食。通过这样的研究，希波克拉底得出结论，健康是一种自然状态，疾病是一种非自然状态，而医生的角色就是帮助人类重新获得自然状态。但最为重要的是：

> 希波克拉底是第一个提倡预防和治疗并重的医生。他告诉人们，正确的营养和锻炼对预防和治疗都是至关重要。这就是保健和医药的根本区别：避免和预防。

希波克拉底关于日常饮食和锻炼的教育意义重大。人体在这个星球上的进化是基于自然的日常饮食以及自然的锻炼而进入一种自然状态（如良好而健康的身体）。对99%以上的人类进化和存在来说，自然的日常饮食包括食用各种各样含有糖分、脂肪、蛋白质、维生素以及矿物质的食物，而这些大多需要通过素食食物来获取。自然锻炼则是指为了觅食和寻找住处而每天进行的体力劳动。

有史以来，每一个文明阶段的医生都认为他们完成了对人体这个黑匣子奥秘的诠释。每当一种新的医疗工具促使科学家打开原本以为的最后的黑匣子时，科学家们又发现了以前不为人知的黑匣子，而这个以前不为人知的黑匣子又要等到新的医疗工具出现来打开。

从希波克拉底时代到19世纪，医药主要关注的并不是为什么有些医药能够发挥效用，而是通过试错的方法，找出有效的治疗方法。一旦发现有些医疗工具发挥效用，人们就把它记录下来，并因此作为医药知识积累下来，期间还偶尔散播到其他文化。

苏格兰医生詹姆斯·林德通过强制推广柑橘类的水果消灭了英格兰海军中的坏血病。然而，林德对为什么柑橘类水果能够消灭坏血病并不太了解，他只是在阅读关于尼德兰海军数百年前曾经用过此种方法的书时碰巧发现了这种医疗方法。当时的荷兰人或许也是在15—17世纪从事他们的海外远征时，从其他柑橘类丰富的文化之中学来的。

19世纪，医学成为一门科学，与宗教和魔法分道扬镳。尽管那时大家知道数以千计的医药和治疗方法可以发挥效用，但是，一旦问到为什么这些药物和医疗方法能够发挥效用时，医生往往答不上来。

17—18世纪，技术突破使得廉价但复杂的光学显微镜得以出现。19世纪科学家通过这种新工具能够看到以前看不到的微观世界里的细胞，科学家们认为这些细胞是组成人类有机体的最小和最后的建构单位。

能够看到细胞是怎样运作的，特别是这些细胞对病毒和药物侵入时的反应使得生物学家和医生相信他们最终找到了发现药物如何发挥效用的工具。医生因为能够治愈那些曾经是折磨人类的罪魁祸首的主要疾病如天花、肺结核、伤寒以及小儿麻痹症等而成为举世英雄。

今天大家都知道细胞是构成人类肌体组织的最小单位的预测是错误的，一个光学显微镜不可能看到比可见光波1/2还小的东西。例如，有一种细菌细胞大约只有可见光波长的1/10那么大。人类脑袋上小钉子头般大小的伤口需要一万个细胞才能覆盖得住，但每个细胞又包含了上万亿个分子，而这些分子即使是最好的光学显微镜也看不到。更重要的是：

> 从根本上讲，我们今天所了解的关于蛋白质、维生素、矿物质以及营养补充品之核心的生物性功能只是在分子层面发挥作用，而不是在细胞层面发挥作用。

当涉及人类的寿命、活力、力量和其他从超越治疗之功能的药物中想获取的这些东西，简言之就是保健的时候，单个细胞的质量就变得极为重要了。

> 因为身体的细胞在不断地更新，从一小时到一个月时间不等的。这些细胞的质量由分子层面的反应品质所决定，而这些不断发生的分子层面的反应产生于制造这些细胞的过程之中。这些分子反应的质量取决于它们的成分，如构成细胞物质的蛋白质和矿物质，又如在由原料合成分子中起催化剂作用的维生素和矿物质。

科学家在细胞再生需要什么物质上，英雄所见略同：13种至关重要的维生素，14种至关重要的矿物质以及20种氨基酸（其中9种需要从身体外摄取）。但科学家对这些成分是如何形成单个细胞的复杂蛋白质的看法却莫衷一是。科学家已经确定了人体内由20种氨基酸所组成的10万种不同的蛋白质，现在还在确定数以千计的更为复杂的蛋白质，而这种确定的速度比发现某种特定蛋白质的缺陷以及如何修补它们更快。我们已经发现每个细胞都有其自我更新的生物钟或者生物序列，如DNA序列，但要读出这些序列还有漫长的路要走。

今天所谈的预防或保健医学，最重要的是遵循古希腊时期希波克拉底所描述的日常饮食的自然特征和自然锻炼。这意味着：

（1）正确饮食和适量饮食（如未含有饱和脂肪的肉、大豆以及含有纤维的食物）以保持最好的健康和避免肥胖。

（2）避免食物中有毒物和有害化学成分的摄入，特别是乳制品和肉类。

（3）饮食内容（包括营养补充品）要能满足身体每天所需的维生素、矿物质以及基本的氨基酸（蛋白质）的供应量。

（4）每天的运动量要和自然运动量程度一致。

但对现代人而言，单单每天只吃适量的热量就需要相当的克制力，而避免有毒物和有害化学成分的摄入根本就不可能，因为这些东西很难被发现，特别是它们含在肉类和日常食品中时更是如此。而至于维生素和矿物质，要维持最低供应量也很困难，因为在食品加工过程中大量流失了。再者，如果你确实能够采用与我们祖先一样的自然运动量，那么你在一天的时间里也就做不成别的事情了。

维生素与直销

1915年到1927年间，卡尔·宏邦（Carl F. Renhnborg）来到中国做高露洁经销商，发现城市居民有严重的营养缺乏症状，但是这种现象在农村最为贫穷的人群中却并不常见。他开始研究健康和营养之间的关系，并了解了很多植物性物质对人们日常饮食至关重要。他曾想制作出一种以植物为基础的营养品来补充人们的日常饮食。于是，在1927年返回美国后，他在加利福尼亚州的巴尔博亚岛建立了一间实验室专门研究人们需要哪种营养补充品。

> 研究越深入，卡尔·宏邦越领悟到，在解决日常饮食中有关营养补充的复杂问题上，需要一个简单的解决方案。

经过数年研究，卡尔·宏邦提出了在当时相当具有革命性的理念——把人们每天需要的矿物质和维生素合成一种产品。他把公司命名为"加利福尼亚维生素公司"，并于1934年生产出世界上第一颗综合了多种维生素和矿物质的营养产品。1939年公司和产品的名称改为"纽崔莱"。 在那时，推广一种包含有不同维生素和矿物质的食物补养品需要向消费者详加说明，特别是要让消费者了解维生素确实存在。此外，这种含有多种维生素和矿物质的产品兼具食品和药物的双重特性，因此，它的推广和销售也不是通过传统的店铺销售。为了销售产品，卡尔·宏邦的妻子建议他成立自己的销售团队，而销售团队的成员本身就是营养物产品的拥趸。这种策略衍生出持续需求：公司在拓展业务时不断招募新的销售人员，并对之进行培训。1945年，卡尔·宏邦提出另外一个新营销模式，不仅使他的营养补养品市场产生革命性变化，而且还催生一个全新的价值数十亿美元的零售业态。

卡尔·宏邦第二个革命性创意是奖励制度，即让销售人员在销售纽崔莱产品的同时还能招募和培训新的销售人员，业务员一部分收入来自于自己的产品销售，而另外一部分则来自于其新招募和培训的销售人员的销售。

每个独立的销售人员，现在被称为经销商，将会以他的销售量和招募新的销售人员的销量多少被公司考核业绩。当其销售额达到一定水平，就可以脱离当初招募他的销售团队，而成为公司直属的经销商。

1949年，两位来自密歇根州大急流市的年轻企业家，杰·温安洛和理查·狄维士从纽崔莱公司批发了一套产品，没多久就成为公司中销售额最高的销售人员。10年之后，在继续经销纽崔莱公司产品的基础上，温安洛和狄维士基于相似的市场策略，又开了一家新的公司以经销日用品。他们给这个公司起名"安利"（Amway），意为"美国路"。1972年，82岁的卡尔·宏邦过世，安利公司收购了纽崔莱公司。今天，纽崔莱每年有数十亿美元的收入，是世界上最大的维生素和矿物质营养补充品公司之一。

> 卡尔·宏邦成功地运用技术解决由另外一项技术（食品加工技术）导致的问题——供应链中维生素和矿物质的流失。今天的食品加工和快餐业面临着同样的问题，如何解决也同样蕴藏庞大的商机。

3

信息致富：信息服务蕴藏巨大商机

虽然纽崔莱公司和其他类似的公司贡献卓著，但美国每年700亿美元营养补充品产业的声誉却如蒙阴影——尽管数以千万计的人每天都在使用它们的产品，忠实于这些产品。但还是有数以百万计的人有负面经历，并把营养补充品诬蔑为"昂贵的尿液"，意指一些产品只是经过消化系统排泄掉，而不会对人体有任何作用。此外，有些人甚至认为这些营养补充品服用后有副作用，要求市场禁售。

今天，在美国销售的营养补充品（如维生素、矿物质以及草药类营养补充物）至少1/4存在如下问题：

（1）产品并不包含其商标上表明的营养成分，产品标示不实。
（2）产品不易被人体消化和吸收利用。
（3）产品中含有污染物或者很难被发现的危险物质，而这些并没有在标签上注明。

由于人力紧张和资金缺乏，美国食品和药品管理局对营养补充品市场的监管流于形式。这就给一些无良厂商的坑蒙拐骗提供了土壤。但同时，这也给专心于医药领域的像托德·库伯曼这样的企业家大开商机之门。

1999年托德·库伯曼创办了他的公司：消费者实验室网络公司。如今该公司已经成为营养补充品的消费监督机构和守门人，全球知名的以为消费者检测多种维生素、多种矿物质以及草药为主要经营内容的行业领头羊。

托德·库伯曼在药学院、投资银行、宾夕法尼亚大学技术成果转换所以及医药业领域巨头布里斯托尔·梅耶公司生物技术部的工作经历，让他意识到：病人真正迫切需要的，不是更多的新科技，而是帮助他们在市面上令人眼花缭乱、竞争激烈的各类健康计划以及新的医疗技术之间作出明智选择。

早在1994年托德·库伯曼就开始发行《保健数据报告》，根据消费者满意度，对健康计划和其他健康维护组织进行评比。保健资料网站将评比的范围也扩大到制药业、牙齿保健业以及护理业等。托德·库伯曼发现，通过这些信息，消费者可以对健康进行管理，特别是基于预防时更是如此。1997年，他出售了保健资料公司。到1999年他意识到消费者对日常营养补充品的信息有更多的需求，又重新创业，成立了现在的消费者实验室网络公司。

托德·库伯曼建立消费者实验室网络公司的第一个动作就是礼聘世界上顶尖的营养补充品专家威廉·奥博迈耶。奥博迈耶博士在美国食品药品管理局任职9年，以检测食物和营养补充品里面含有的污染物而成为权威，此外，他还一心一意帮助消费者对营养补充品进行取舍。一般而言，只有极为严重的健康问题出现时，美国食品药品管理局才会采取行动，而对诸如产品品质、标签能否准确标明营养含量等则无暇顾及。

迄今为止，消费者实验室网络公司已经检测过50个不同种类的1600种产品，几乎占美国膳食补养品总数的大约95%。根据托德·库伯曼的说法，所检测产品中大约有1/4不合格，有些食品种类的不合格率甚至高达60%。此外，他们也检测了一些市面上常见的强化食品，如加钙橙汁、能量棒和强化水等。

食物的检测标准如下：

（1）特性和效用。这种被检测产品符合公认的品质标准吗？产品上的标签能真实地反映产品中所含有的成分吗？

（2）纯净度。这种被检测产品是否含有污染物？

（3）人体适用性。产品是否可以被身体完全利用吸收？

（4）营养成分的品质。这种产品在临床领域有同样的效用吗？

他们将通过检测的产品公布在消费者实验室网站（www.ConsumerLab.com）。消费者可以免费查阅几乎每一种产品的详尽列表，而且订户也可以看到自己挑选的产品是否通过检测。消费者实验室网络公司也把这些报告整理后出版，名字是：《消费者实验室维生素和其他营养补充品指南：葫芦里卖的是什么药》。

消费者实验室网络公司在2001年2月开始接受订阅，当年的8月，共有1.1万名订户，此外，还有100万次的网站浏览。今天，消费者实验室网站已拥有大约3万名付费订户。让库伯曼感到最欣慰的，是收到数以千计的消费者的邮件，感谢库伯曼协助他们选择正确的营养补充品。

● 某位男士决定服用锯棕榈（Saw Palmetto）治疗肿大的前列腺，结果发现只是糖粒而延误病情。

● 某位母亲每天给4岁的女儿服用一定量维生素补充品，但该产品维生素含量却是她女儿年龄段所容许剂量的2倍还要多。

● 某位先生想通过服用人参来增强自己的精力，但他选购的品牌却受到含有致癌物的杀虫剂的污染。

● 某位女士服用某个品牌的缬草（Valerian）改善睡眠，结果该产品完全没有缬草成分。

● 某位女士因为患有忧郁症而影响家庭生活，但她拒绝服用百忧解（Prozac）而服用圣约翰草（Saint John's Wort），几年后才发现买的是假冒伪劣商品。

对这些保健品消费者来说，库伯曼贡献非凡。诚如库伯曼坦言："在你不了解专家的评价之前，你是不会买某辆车、某只股票或者是债券的。那你为什么要购买没有被独立评估过的一种营养补充品呢？"

保健产业发展一日千里，使得政府监管部门跟不上趟儿。像托德·库伯曼博士这样的私有企业给消费者提供的服务，也许比政府机构更有效率。同时，这其中也蕴含着巨大的商机。

4

网站致富：麦考拉自然健康网站

我常上麦考拉（www.mercola.com）网站——世界上最受欢迎的保健和自然健康网站之一；它的市值达到了1亿美元。它有85万个订户，每月访问量250万人次。"把麦考拉网站作为健康的民主论坛，"麦考拉博士说，"你可以在这里找到有关健康的最全面、深入的知识和信息；这些最为有用的信息是千万人通过投票选出的。这些信息是改善你健康质量最便利的工具。"

约瑟夫·麦考拉博士在医学院学习期间，创建了一个可以查询肾移植接受者信息的覆盖全美国的互联网系统。约瑟夫解释道："一个可以被用来做移植手术的肾，必须在72个小时内移植到患者体内，否则肾就报废了。"这一经历使得麦考拉看到了互联网对医药领域的巨大作用。

麦考拉博士运用传统医疗方法治疗病人，但他发现这对大多数人不太有效。于是，1985年他在芝加哥开了自己的诊所，取名"最佳保健中心"，而开这家诊所的理念是基于："人们须被赋予力量去掌控自己的健康。"他深入研究自然疗法的奥秘，并创建了一个网站以便医生们分享各自的想法和治疗病人的经历。同时，他开始撰写时事医药通讯，并通过网站分享他从病人和同事身上学到的东西。

几年后，麦考拉网站发展成全球搜索自然健康信息的最大网站，麦考拉博士担任网站的站长和编辑，以确保信息的真实性。一开始他为这个网站投入了50万美元，而这还不包括他最初几年的投资，但网站对每个人都是100%免费。后来，他意识到必须做些事情来创收，以维持网站正常运转。但是，他坚持不向网站的使用者收费或者是刊登商业广告。

麦考拉博士的新想法是：以医师身份向读者提供对病人建议的健康项目时才收费。2002年，他的收入为100万美元，到2006年，收入高达1500万美元。这些收入不但使麦考拉网站可以正常运转，还维护了麦考拉博士开办网站的初衷——向消费者提供免费、没有广告的自然健康信息，更让麦考拉博士跻身百万富翁行列。

2006年，麦考拉网站再次改版、升级为社会性网站，在这里，健康领域的专业人士和消费者可以收集信息、分享资讯。更重要的是，上网者可以对每一篇文章中的观点进行投票，或者上载文章，让其他网友分享自己的评论。因此，你不但可以获得最新资讯，还可以获得其他病人和健康专家对这些资讯的反馈。

目前，麦考拉网站平均每天有3000位新订户，每月有250万人次的浏览量，价值超过1亿美元。这对于由一位医生独自创建，没有外在资本注入或广告收入的网站来说，已是相当不错的了。但麦考拉博士首先会告诉你：麦考拉网站还只是在起步阶段。

> 尽管有数百万人访问过麦考拉网站，但还有成千上百万人对保健产业以及天然药物一无所知。

心脏病医生的角色转变

弗兰克·亚努维奇博士给医学院大四学生讲过一个故事：

这一天是哈佛医学院毕业日，一位名叫迈克尔的最优秀的学生正和自己最喜欢的教授沿着河边散步。突然，看到河中有人溺水求救，迈克尔跳入河中，经过三次挣扎，把这个昏厥的男士拉上岸，并对其实施了心肺按摩和人工呼吸，直到溺水者恢复神智。迈克尔也因为有机会在导师面前展示一番而洋洋得意。在救护车把溺水者拉走时，老师祝贺他做得很好。

迈克尔浑身湿透而且疲惫不堪，但是他继续陪着教授沿着河边散步，不久又看到第二个溺水者呼喊救命。迈克尔又一次跳下河，把溺水者救上岸，并对其采取同样的急救措施使之恢复神智。令人难以置信的是，这种事情接二连三发生，直到第七个溺水者出现，而这时，迈克尔已经筋疲力尽。于是他对教授说："我是一名医生，医生的天职就是治病救人，但我不能再这样继续下去了。"这个时候，教授答道："你为什么不转过头到上游去，拦住那些把人推下桥的人呢？"

弗兰克·亚努维奇是一位心脏病医生，是LDS医院"山体际"健康和体能中心的医药主管和创建人之一，这个高技术医药中心在犹他州的盐湖城。

这家健康和体能中心由几个最好的外科医生和临床医学家经营，但他们很少为病人看病。这家中心专注于个人的疾病预防——

让有保健概念的人远离疾病。亚努维奇博士所讲的故事以及这家研究所为我们提供未来医药健康产业的缩影。

1971年，弗兰克·亚努维奇进入位于得克萨斯州圣安东尼奥的美国空军航空医学院工作，在这里他第一次接触到"保健"概念。不同于其他心脏病专家所看的病人，亚努维奇在圣安东尼奥的医治对象健康状况都出奇的好。他们中有些人是飞行员，是这个国家里身体最为健康的一群，他们到亚努维奇那里做定期的检查，以此确保飞行质量。"在那里我看到了心脏病的最早阶段，"亚努维奇回忆，"而这要比我在普通医院发现这些东西早很多。"这种经验让他领会到了很多有关日常饮食、锻炼和疾病之间关系的知识。

自空军退役后，亚努维奇获聘位于盐湖城的LDS医院心脏病医生，同时担任犹他大学医学院讲师。到犹他州后他首先提出在对病人进行心脏手术时需要一个专业心脏复健计划，但是，这项计划在那时没有得到任何相关的支持。当时人们普遍认为：一个需要心脏手术的病人已经预定了末日，不需要把时间和金钱浪费在一个已经快见到上帝的人身上了。亚努维奇并没有因此停止脚步，他和一位物理医疗师着手心脏复健计划。虽然造访的病人门可罗雀——但这些病人因为重获健康和学习到如何安排日常饮食及锻炼而十分感谢他们。亚努维奇却说："我们很少能从医界获得回响，而大家都认为病人手术后无须再复诊。"

亚努维奇和三个同事于1980年设立了以恢复健康和运动医疗为宗旨的体能中心，旨在预防和保健，以及医治高危心脏病人。但成立的第一年，完全以预防和保健为主。研究所在头十年一直亏损，这迫使他们去学习如何直接和消费者打交道，在电台宣传并且直接接触企业雇主和高层主管。

我第一次知道他们的工作，是我47岁去进行每年的例行体检的时候。当被告知我身体极其健康时，内科医生玛丽·佩尔森问我是否希望自己的身体来点改变。我开玩笑地回答："是的，当我骑自行车攀登木星峰时（垂直高度是10300英尺），我瘫倒在地上，因为近乎垂直骑自行车爬坡10英里后，我喘不上气来。"佩尔森博士建议在我进行一个高强度的自行车训练计划之前先去体能中心做一个最大耗氧量的检测。所谓的最大耗氧量即是在一段时间内由血液循环输送可供身体组织利用的最大氧气量。

抵达体能中心时，我还以为走进了一个非常现代化而又高科技的健身俱乐部，直到仔细观察才发现，里面都是工作很多年的机器，上面有令人眼花缭乱的仪表和探测仪。亚努维奇博士解释说：人们来这里不是为了治疗疾病，而是进行体能评估。这个体能中心提供完善的内在医疗护理，但不提供慢性疾病的治疗，它的主要市场在于定期提供检查以及面向那些对自己健康不满意而主治医生又无法满足其需求的消费者。

体能中心6个小时检查的标准项目（费用约1500美元）

● 对身体各系统的检查，包括癌症筛检。

● 血液和尿样检测。以此评估患心血管疾病、糖尿病、感染以及贫血的几率。

● 心脏病学家做最大耐力心电图检测。据此检查心血管类疾病、评估健康水平。

● 书面检测。以评估你的病史、个人压力因素和营养状况。

● 液体静力体重检测。检测身体脂肪的含量和理想体重（基于BMI）。

● 肺部功能检测，筛选阻塞性肺部疾病。

● 外科临床医学家进行体型检测。评估你的身体强壮程度、灵活性和骨骼问题的危险。

● 一对一的健康咨询。探讨检测结果，提出新的日常饮食、锻炼和压力管理方案。

● 结肠癌和乳腺癌（女性）筛检。

● 附赠一本《健康手册》，这是由体能中心出版的综合性的个人健康百科全书。

弗兰克·亚努维奇本人对保健也有一番体验。1978年，37岁时，一个学生来量他的血压，令他惊讶的是，血压很高。他没想到，一直致力于保健产业的他，却超重、缺乏锻炼、身材走样，而且有很危险的高血压。他开始了一项日常饮食的计划，吃降压药，锻炼身体。在一年内，他每周要跑40—50公里，并做负重10公里的跑步和半程马拉松。亚努维奇已经67岁高龄，却每周都跑马拉松，每周10—15公里，骑山地自行车和公路自行车以及滑雪和溜冰。

弗兰克·亚努维奇发表过80篇文章，进行过18项课题研究。他还写了一本厚书，名为《冠心病的预防》。他是犹他州议会身体健康护理顾问委员会的第一任主席。他影响了数以万计病人的生活。最让亚努维奇欣慰的是，许多医学院学生要求到健康研究所做一个月的实习——这些未来的医生们踌躇满志，希望延续他的脚步，从事预防工作，而不只是治疗疾病。

6

健身行业商机

今天许多人都错误地认为身体锻炼主要是运动员的事情，而忽略了运动于常人的好处。缺乏定期的身体锻炼是造成约占美国每年210万死亡人口中的12%，也就是25万人死亡的主要原因。

> 数以千计的研究已经证明，冠心病、癌症、糖尿病以及忧郁症于缺乏身体锻炼有直接关联。

然而，全美国只有15%的成年人定期参加活动，而60%的人根本就没有有效或者持续的锻炼。人们大多数时间都在坐着办公，很少有时间外出锻炼。大多数人生活在空气污浊的市区。而且，只有有氧运动(如跑步和自行车运动)和特殊锻炼（如负重锻炼和灵活性锻炼）相结合，才能最好地保持身体健康和功能正常。

吉尔·史蒂文斯·肯尼是一位保健领域的企业家，被《俱乐部新闻》誉为"美国第一位女性俱乐部企业家"。她的故事和她的第一俱乐部有限公司的快速发展昭示了在即将到来的1万亿美元的保健产业中，240亿美元的健身市场还有发展潜力。

肯尼从6岁起就和父亲一起练习慢跑，大学期间是杰出的运动员（她是一位滑雪运动员）。毕业后，肯尼和杰克·伯格赛尔博士——一位非常成功的心脏病专家，治疗心脏病的经验丰富——联合创立了一家综合的自然健康中心，帮助人们提前预防心脏病。健康中心的主要受众是旧金山湾区的高阶主管们。健康中心推出一项为期三个月价值3000美元的健康计划，这个计划包括：一个初始的评估；每周三次连续90分钟的锻炼；教育项目——从健康烹饪到压力管理，以及完成计划后健康改善的评估。健康中心的成果让肯尼出乎意料："人们不只变得更健康，"她很兴奋地回忆说，"而且婚姻更美满，职业生涯获得提升，整个生活也因此变得更好，无论是从情感上还是从身体上都是如此。"

肯尼当时20岁出头，不久进入一家全国体育和健康连锁俱乐部，成为首席执行官，管理着大约800人的团队。1985年，几个不动产商想把体育和健康设施纳入他们项目当中，向她发出了邀请，肯尼受聘筹设这家全美最高级俱乐部——洛杉矶体育俱乐部。该项目的成功使得美国一系列相似俱乐部如雨后春笋般出现,而肯尼也就成为在城市开设和管理体育和健康俱乐部的最佳人选之一。

1984年,她开始注意到市场在发生转变。她的主要客户,也就是婴儿潮时期出生的人,大多数都过了20岁,并且关心的话题从体育与社会活动渐渐转到健康和老龄化问题。1989年,肯尼和商人约翰·肯尼合作,针对婴儿潮人口提出为这些人在便利地点提供高质量的健康锻炼设施的服务计划。两人在1990年撰写了第一俱乐部(Club One)公司的营运计划,并在同年结婚。他们于1991年6月17日在旧金山的花旗中心设立首家第一俱乐部,同年又在安巴卡德罗中心开设了第二家。

肯尼夫妇最早认为应该推广这种面积约为1.2万平方英尺(约1100平方米)的健身机构,成为"健身俱乐部的星巴克"。但肯尼旋即发现一个更大的兼并商机,收购现有地段良好的独立健身俱乐部,然后更新内部设备。这个策略不但可以节省费用,还可以接收现有会员,排除地方性的竞争对手。

除了强调地利之便,第一俱乐部的另一亮点是招聘一流的保健专家(训练员、营养师、瑜伽教练、整脊治疗师)。这个策略果然奏效,第一俱乐部从建立发展到目前年营业额6000万美元和拥有71家分店,成为保健俱乐部行业中成长最快的一员。

1995年吉尔·史蒂文斯·肯尼接到的一个意外的电话成了肯尼夫妇事业的突破点。欧特克公司是世界上首屈一指的软件公司,有一天,该公司打电话给第一俱乐部,问肯尼是否愿意为欧特克公司设计、经营和管理一个员工专属的公司附设健身房。第一俱乐部认为欧特克公司真心诚意关心员工的健康,当场便接受委托。一年后,公司又为盖普服饰(The Gap)和伊莱克斯(Electronic Arts)开设了类似的附设健身房。到2000年,肯尼夫妇已经营了50家类似的公司健身设施。第一俱乐部原本对"便利"的目标是办公室到俱乐部只要5分钟,而这种附设在工作场所的私人健身俱乐部,远远超越了当初的目标。

未来健身业将创造的新职业：
（1）健身训练师。
（2）个人训练员。
（3）专业教练/运动调节师。
（4）临床医师。
（5）脊椎指压治疗专家。
（6）理疗师。
（7）营养专家。
（8）按摩师。
（9）老年健身指导。
（10）青年健身指导。
（11）私人教练。
（12）团体健身操讲师。
（13）瑜伽讲师。
（14）皮拉提斯塑身术教练。
（15）绩效训练指导员。

这些公司的员工还需要进一步教育和动员。肯尼说："这让我们有机会服务真正需要的人——那些超重、有慢性病、有不良嗜好或者饮食失调的人，我们可以从运动锻炼开始，帮助他们建立健康的生活方式。"

最近几年，肯尼夫妇已经逐渐淡出第一俱乐部的日常工作，转向新事业——为第一俱乐部发展房地产。肯尼负责选择地点、购买房产和进一步开发——当这些工作完成时，第一俱乐部就有了一个随时可以移交设施的管理合约，这和旅馆的管理合约类似。当然这也不是毫无风险的——就像所有的房地产生意所面临的风险一样，承租人或管理人可能会溜走。但如果顺利的话，他们就是全球经营健身俱乐部的佼佼者。

> 有些房地产商正是依靠向诸如特殊用品零售商、快餐店、畅销影碟商店等提供房屋而发家的。肯尼夫妇的经历就说明，下一拨房地产财富将属于那些真正理解保健产业的目光敏锐者。

7

创造保健公司

帕德里克·金坦博医生在儿时一次训练中的受伤经历，改变了他的一生。

"记得我在做颈部训练，忽然感觉像有什么东西错位了，"帕德里克回忆道，"我立刻感到颈部疼痛，而且这种痛感辐射到了两只手臂。肌肉开始痉挛，并且出现肿胀的感觉。家庭医生告诉我：'你患有颈椎病、肌肉痉挛并且还有发炎症状，肌肉抽搐和红肿，我给开点儿止痛药、弛缓剂和消炎药。'"

这些药用后没有减轻帕德里克的疼痛。病休两个星期后，母亲把他带到了一位脊椎指压治疗专家那里。经过专家治疗，帕德里克感觉自己恢复了大半，从此他开始对脊椎指压术着了迷——他开始收集和阅读关于脊椎指压术的各种材料，并决定要成为一名脊椎指压治疗专家。

脊椎指压专家的治疗重点是人体的神经系统。神经系统对于人体机能的恢复、调节起着关键作用。脊椎指压疗法可治疗脱臼，也有助于消除由生活压力所带来的神经系统功能紊乱，而正是神经系统功能的紊乱影响着人们的健康状态。

1983年帕德里克从脊椎指压培训学校毕业，开始了自己的职业生涯。他和另一名指压师一道开启了一项指压治疗培训项目。他们俩很快意识到，临床治疗实践和脊椎指压疗法本身都需要更好的诊断设备和标准化的职业培训。

于是帕德里克和搭档创立了"脊椎指压专家联盟"（CLA），提供脊椎指压先进技术、职业教育培训项目和商业发展咨询服务。现在，CLA已经发展成为一家拥有数百万美元资产和数千名客户的大公司。帕德里克的事业风生水起，获得了以前从未想过的巨大财富和成功。但他仍有遗憾。在各地旅行时，他一次又一次地看到，数百万人发现了健康的重要性，发现了指压治疗术，知道了如何让身体变得更加健康，但是有更多的人因为缺乏有关营养、锻炼和心理调节等健康知识而使自己的健康状况越来越糟。于是，帕德里克将思考的重点放在了如何把健康带给千百万压根儿就不知"健康"为何物的美国大众上，而不仅仅只限于脊椎病患者这一小群体上。2002年，帕德里克成立"创造保健公司"。

金坦博知道，占据了社会经济贡献额的一半的"婴儿潮一代"，正在寻求各种保健方法以享受长寿和更高质量的生活。他也明白，有大量的身材走样的妇女正希望能重新恢复健康的状态和窈窕的身材。还有数百万企业精英，他们虽然事业有成，却付出了健康的代价。他想创造出一种不只适合富人阶层，而且面向社会大众的健康模式。他回忆说："当时最大的问题是，我怎样为普通大众设计一种物美价廉的保健项目？"

金坦博知道，为了实现这一目标，他必须做到：（1）定义保健的内涵；（2）制定健康标准；（3）设计一种保健项目，以有效应对三种生活压力对人们健康的侵害，这三种压力分别是运动压力、生物化学压力和心理压力。用他的话来说，就是要做到"多锻炼、吃得好、想得开"。这正是成立创造保健公司的宗旨。

公司提供了各种产品和服务，让客户随时可以做保健，其中包括供客户在家运动的健身设备和教学光盘、日常的营养补充品、一份指导用户饮食习惯的计划书、心理治疗的录音带以及每周定期的教练指导。对他们来说，最大的惊喜还不是与日俱增的顾客数量，而是有越来越多的老板们与公司签约，并且把健康的生活方式带进了办公室。

目前，创造保健公司在整个北美已有超过200个分公司，而到2010年时，分公司数量预计将会达到1800所。金坦博说："已经有数百万的美国人因为快餐业、饮料业以及其他一些要命产业的发展而断送了性命。这些产业用惊人的方式把致命的产品兜售给消费者。我们的目标就是帮助消费者们将自己的生命从这些产业的手中夺回来，从而享受更长寿、更美好的人生。创造保健公司是一项在明确目标驱使下产生的商业项目。我们依靠向全世界传播健康而获得了丰厚的利润。当保健公司和那些大型快餐连锁店一样多时，就算大功告成了。"

8

第五波商机指南

1. 从传统医疗向整体保健的回归趋势，对你将投身第五波革命有怎样的影响？

2. 从病后治疗型向病前预防型的趋势转变，对你将投身第五波革命有怎样的影响？

3. 卡尔·宏邦所经营的产品既不是可以通过药店销售的药品，也不是可以通过超市销售的食品，因此他不得不组织起自己独立的配销团队。分析一下你所经营的产品，想想应该用何种方式进行销售，又应该由谁来销售？

4. 卡尔·宏邦将直销作为发展生意和培训销售人员的有效手段，分析一下直销会对你的保健产业产生怎样的影响？

5. 从生产品质的角度分析你的保健商机产品，如果大量出现像消费者实验室网络公司这样的公司，对你的事业将会是一种帮助还是一种损害？

6. 凭借以下几条原因，吉尔·史蒂文斯·肯尼（第一俱乐部老板）在全国范围内创立起了上亿美元规模的连锁产业。分析一下这些原因对你所在的保健产业领域的商机会有怎样的影响？

（1）经营理念从侧重运动塑身向侧重条件便利转化。

（2）经营理念从侧重运动塑身向侧重日常保健转化。

（3）服务产品质量标准化。

（4）直接面向企业雇主群体做市场推广。

> 通过回答以上问题，重新思考、调整你所选择的三项保健商机。

第五章
掘金健康保险产业
The New Wellness Revolution

对于美国健康行业的企业家们来说，存在着一个巨大的商机——将2万亿美元规模的医疗疾病产业转变为预防疾病而不仅仅是治疗疾病的产品和服务。

消费金额为2万亿美元的疾病产业基本是通过健康保险支付的，而这2万亿美元几乎占了美国经济的1/6，大约每人每年6667美元，或者是一个四口之家每年27000美元。帮助每个家庭怎样在健康保险和保健支出方面节省下5000美元，再把这些钱投入到他们的健康消费或免税存起来以备他们将来的健康消费或退休养老，其中商机无限。

在这一章，你将会看到健康保险替代方案已经出现，一种新型的以消费者为基础的保险方案。这种新方案的早期采用者获得了立竿见影的节省资金的效果和终生的财政保障。

凡是帮助顾客了解和执行这种新的健康保险方案的健康行业企业家们都将会得到财务上的回报。

1

健康保险业的危机

如果不加抑制，18年后，美国疾病产业的花费将超过GDP本身的增长，将严重阻碍美国经济的发展。

幸运的是，解决此问题的固定缴款计划方案已经出台。该方案允许雇员们将花费巨大又浪费惊人而且是"给其他人出钱"的养老金的固定受益计划转变为划算的、高效的、"给自己出钱"的固定缴款计划。

固定缴款计划就是雇用者每月给予员工固定数目的免税资金补贴来帮助他们购买自己的健康保险和支付医疗花费——这就允许消费者自己选择他们想要保险的疾病范围、保险金额，自己选择为将来医疗花费和退休养老所要存的免税金额。

2

不为人知的内幕

假设拥有100名雇员的企业花在员工身上的保险费用每年约为50万美元（平均每人或者每个家庭5000美元）。如果有一名雇员（或他/她的子女）患上了诸如糖尿病之类的慢性病，或者因一次车祸而永久残疾——这种情况下，他或她即使可以继续工作，但往后每年会产生7.5万美元的医疗费用。第一年，这家企业投保的保险公司会承担这7.5万美元的费用，但第二年它就会把这家企业每年50万美元的保险金提高至57.5万美元甚至更多，以抵偿这笔可以预期的额外支出。虽然这家企业拥有到别处购买保险的自由，它却不大可能找到更好的价钱，因为任何一家保险公司评估和下保单的依据都是投保企业上一年度的医疗支出。

面对这种情况，雇主和雇员都陷入窘境。雇主为降低总体的医疗保险开销，自然会想到解雇这名员工。但联邦法律规定，只要雇员"还在工作"，雇主就不能以医疗原因辞退他。而雇员则需要通过加班加点来继续坚持工作，这种情况下他或她无法放弃工作，因为新企业不会雇用一个带来负担的人。

1985年，我在国会作证时说：在100名员工规模的企业主里，我随便挑出一个老板，他都能清楚地记得那位孩子得了糖尿病的属下的名字——尽管他根本不必这样做。一个每年要付给雇员3.5万美元薪水的小企业主不应该再为雇员生病的孩子每年负担7.5万美元的医疗费用——也不应该被迫面临继续营业还是照顾雇员孩子的困难选择。

3

美国的健康保险体系是导致个人破产的第一号凶手

从20世纪80年代开始，每年都有一两百万美国家庭申请个人破产。直到前不久，关于导致破产的原因还一直不清楚，人们一般都认为信用卡透支、离婚和失业可能是主要因素。2005年2月哈佛大学公布了《个人破产中的伤病因素》的研究报告，调查结果令人震惊。

研究人员随机采访了1771名破产申请者，发现其中近半数人破产的原因属于"医疗破产"——健康保险无法支付医疗支出而导致的破产。

即使家庭成员健康，你也无法绝对避免因为发生意外而付出健康开销（比如运动受伤、厨房受伤、摔伤等）。新推出的事故医疗保险可以让你用每月10—40美元的低廉价格为健康保险所覆盖不到的实际医疗开支投保，事故的最高保险金额每次为1万美元。

这项研究结束于2005年上半年，此前所有的美国公民在面临医疗支出困境时还有选择破产保护的机会。但是在2005年4月20日一部新的《破产法》生效了，这部新法律让普通的美国人无法摆脱债务的困扰，这其中就包括那些单纯因为医疗支出而陷入破产境地的人。

> 实际上，多数美国人从老板那里拿到的健康保险不应该被称为"保险"。因为一旦无法工作——不管是因为本人生病还是家人生病需要照顾，这个保险也就随之取消了。

一旦失去企业为你提供的保险，噩梦就开始了。你既要担心如何支付医疗花费，还要担心到哪里去寻找良好的医疗服务。许多医疗机构会拒绝那些没有医疗保险的患者的预约，即使有些医院同意给你看病，他们也会按持有健康保险者的标准价格的150%到500%向你收费。

4

健康保险业危机——是缓解症状还是防患未然

90%的医疗开支不是由患者和医院承担的,这是现行的医疗保险体系下的现实,这一体系的问题就在于它所关注的是如何应付疾病症状,而不是如何彻底治愈或者防患于未然。

这其中的部分原因也来自利益诱导。例如,对于医药企业来说,如果生产的药物只缓解症状而不彻底根治也不预防疾病的话,就会让人对它产生依赖性,这无疑对医药企业有利。想象一下,如果你是一家医药企业的决策人员,你会让你的企业往哪个方向发展呢?你的职位是由一家基金会提供的,而基金会给你职位的主要目的就是确保他们的投资能够升值,你是会投入数百万美元的资金研发出一种能一次性治愈或预防疾病,而且价格在50美元一粒的药品呢,还是会选择投入数百万美元来研发一种价钱为3美元一粒,但却能让患者从此一年365天每天都得吃的药呢?

> 这就很容易解释为什么如今大多数研发出来的医疗技术都把注意力放在缓解症状而不是根治疾病或者预防疾病上,也能解释为什么如今90%的药房卖的大多是患者一生中每天都离不开的维持性药物。

但是,美国的医药界之所以不关注根治和预防,其主要原因还在于保险体制,说到底,是投保的企业对于员工的长期健康并没有经济上的利害关系。以前,雇员会在同一家公司里供职达25年甚至更长时间。而现在，平均每个雇员会在他（她）45年的职业生涯中跳槽至少10次以上。同时多数疾病又都属于今天花一元钱看，日后花一百元钱治的慢性病（比如由肥胖引起的心脏病，由营养不良引起的癌症），这些病往往是在雇员辞职很久或者退休以后才会出现。这时，这100元的成本就由另一个雇主承担，或由健康保险支付。

> 由于医疗成本不断上升，投保的企业实际上是在告诉保险公司只支付能让雇员继续工作的医疗费用——不支付预防疾病的医疗费用，而在雇员的工作期间这些需要预防的疾病的症状往往是不会显现出来的。

目前，被企业和政府的医疗保险计划排除在外的，就是像减肥、营养建议、补充维生素和矿物质、戒烟以及其他保健型或预防型的医疗形式。而这实际上进一步推高了医疗成本。许多医生在接受我采访时都表示，大多数非老年性疾病的医疗开支都是由长期抽烟和不良饮食习惯引起的，而这两种病因在目前是很难控制和预防的。对于你和你的保健业客户来说，掌握自己的健康保险而非依靠雇主来为家人谋取健康福利是非常重要的。

5

身陷危机

如今，一半美国人享受着由企业承担的健康福利计划，大约有1.5亿人，占总人口的50%，另外一部分人则享受政府保险，如

Medicare（占15%）或Medicaid（占15%），还有5%的人自费购买保险，剩下15%的人没有任何保险。

以健康福利形式的政府补贴使得企业健康福利与个人税后自购医疗保险相比，具有很大的税收上的优势。到20世纪60年代中期时，企业健康福利已经几乎遍布全国。数额巨大的政府补贴一直延续至今，它产生了两个结果：

（1）使企业得以从它们的税后所得中100%地扣除健康福利成本。

（2）使雇员个人可以无限制地享受企业健康福利待遇，不用花费工资或者上缴所得税。

医药企业可以放手去研发数以千计的新型的医疗手段，因为有企业和政府为消费者的医疗埋单。这些研究有一些的确效果不错，但有一些则成本高昂，或者纯粹是在白白耗费重病患者和家属的希望。

医药企业推出了一系列以前看来并不属于医疗问题的解决办法，而这抬高了医疗成本。比如发明能让人们尽情吃垃圾食品而不生病的处方药，发明伟哥用于治疗由年龄引起的阳痿，等等。医药企业将这些药列为处方药出售，就可以通过企业健康保险计划获得50%的税收补贴。而纳税人只能被迫把数十亿美元交给这些企业作研发。

由于上述原因以及其他一些问题，美国政府医疗开支从1960年的270亿美元飙升到了2万多亿美元。健康福利开支影响到了许多优秀企业的生存。例如2004—2005年，尽管道琼斯指数不断上升，通用汽车公司的股票市值还是因为600亿美元养老医疗保险计划的出台而下跌了50%。现在，多数大公司的健康福利开支已经超过了其自身的营业利润。

回过头来看，国会减免企业健康福利税的做法不仅抬高了医疗成本，同时还引起了其他更多的问题。

美国消费者每年在健康保险方面浪费数千美元。在健康保险领域，健康的人花在保险上的钱多数情况下其实对自己和家庭并没有太大价值。

拥有健康保险的人，他们的投保范围大都包括了附带生活费用开支，而这一项对于医疗服务消费者来说并不真正需要。不仅如此，这项保险内容还产生了一个复杂的分配体系和支付机制，每年都要耗掉数千亿美元。

花在健康保险上的钱有一大部分属于医疗服务预付款，而多数消费者压根儿不会使用这些医疗服务。身体健康的消费者们更适合仅购买应对意外伤害的保险，用自己的现金支付就诊、处方以及非日常医疗用品的费用。

另外，如果仔细研究，不难发现，医疗产品和服务的分配效率太低，许多良机因此被白白浪费掉了，但与医疗保险和支付体系相比，这还算是效率高的。

6

健康保险的三个主要组成部分

你购买健康保险的目的是为了能在将来获得补偿，可事实上，一旦出事，你是几乎拿不到钱的，因为保险人直接把钱支付给照看你的医疗机构——或者每月付一点儿固定费用，或者承担总费用的一小部分。

"健康保险"是由三个部分组成的，既相互独立而又相互关联，其中只有一个属于真正意义上的保险。这三个部分分别是：

（1）优惠医疗服务网络。在这一网络中，消费者可享受优惠的医疗价格。

（2）预付医疗服务。无论看病与否，都预先支付的费用。

（3）财政保障。针对伤病医疗支出的保险措施。

1. 优惠医疗服务网络

美国的70家蓝十字会蓝盾健康保险公司被统称为"蓝色集团"，他们拥有自己独立的医院和医生，形成了独立的医疗网络，为自己的保险客户提供价格优惠的医疗服务。

其他数百家健康保险公司和独立的非保险类企业也形成了自己的服务网络，他们与当地的医疗机构达成了协议，为客户或成员提供较低的月费或者优惠的医疗价格。

这些医疗服务网络给双方都带来了好处——一方面给医院带来了新的医患客户，另一方面也给客户提供了优惠的医疗价格。

> 如今，对于保健企业来说，类似的商机也同样存在，他们可以效仿上述做法，在自己的社区内组织起一套保健服务网络。

当新的医疗单位进入市场的时候，它能获得客源的唯一办法就是向最大的医疗服务买家提供优惠打折的价格，而这个最大买家就是医疗服务网络。当医疗单位给这些庞大的买家网络提供低价时，对于处在网络外的患者它则提高价格——目的仅在于向那些大买家显示，自己提供的价钱比卖给别人的价钱低很多。无论是一名普通的职业医师，还是一家专业化的血液检测试验室，均是如此。

如今，从地方儿科诊所到大城市的正规医院，大多数医疗单位向那些医疗保险网络之外的患者的要价比网络内的要价高很多（有时甚至高出5到10倍）。很快地，每个患者都成为医疗服务网络中的成员，很少有人留在网络之外支付高额费用，除了那些因极度贫困而没有投保也无力支付保险金的人。

这是当今美国健康保险业中最不人道的地方。没有健康保险的患者被排除在医保网络之外，但其医疗花费却是有保险患者的数倍之多。

更糟糕的是，当他们无法支付这些高额费用时，他们就被强制破产，而且在新的破产法律规定下，破产之后他们依然要支付5倍至10倍的高价。

2. 预付医疗服务

对大多数人，尤其是对那些有子女的人而言，除了每年做个例行检查或者OBGYN测试，都希望能在未来享受到一些基本医疗服务。健康保险金中的一大部分是被用来预先支付这些医疗服务的。

对健康的消费者而言这可能是一种浪费，因为一方面他们只使用了医疗服务的一小部分，另一方面他们所使用的保健和服务常常是处于健康服务网络之外的。

例如，你或者你的客户每年为一项健康保险计划支付5000美元，每次看医生有20美元的补贴，但这种保险只有在服务网络之内、因疾病就诊时才有效。如果你看医生的次数并不频繁，或者你的主治医师是一位处于医疗服务网络之外的指压治疗医生，那么你就可以将保险更换为高免赔额（high-deductible）计划，这样就能每年节省约3000美元。当然，这样的保险要求你每次看医生要自己直接掏钱。

几年之前，转成高免赔额保险还是一件不太可能的事情，许多州针对一些投保项目都有限制免赔额或者100%全额保险的规定。这些规定虽然在那个时候看起来是好的，但是它却抬高了健康保险的成本，把数百万消费者和企业排除在健康保险市场之外。今天，在美国只有不到60%的工作岗位有健康福利，而每年能提供保险覆盖的工作机会比这还少200万个。

幸运的是，最近出台的健康储蓄账户计划已经使高免赔额健康保险制度家喻户晓，使得多数州对自己的规定做了修改。

高免赔额健康保险的重新出现给保健产业带来希望，这一保险形式每年能为消费者在疾病医疗保险方面节省数千美元，这些省下的钱可被移作保健之用。

3. 财政保障

健康保险的主要内容，是针对意外事故和疾病医疗支出的财政保障（保险）。到2005年时，人们已经很难找到一种比较好的财政保障方法了。因为对大多数人而言，获得免税健康福利的唯一渠道就是就业，当你辞职、被炒或者因故无法工作的时候，这种健康福利就没有了。

幸运的是，新的联邦法规已经把企业健康福利保险和个人家庭自行选择的保险重新放在了平等的竞争条件下，而后者会为消费者提供永久的财政保障。而且对于健康的消费者而言，其花费只是前者的1/3到1/2。

7

保健企业的新出路

在这一部分，我将说明为什么国会应当向全国推广健康储蓄账户计划（那个时候称为"医疗储蓄账户"）。2004—2005年，国会如我所料采取了措施，由于本书对官员的决策行为起到了重要的引导作用，我被授予名誉博士学位。

从1985年开始，我和许多其他的经济学家就致力于游说白宫和国会，努力向他们指出只给企业职工提供免税健康保险的不公平所在，这些政策对整体健康保险体系和分配体系产生了有害作用。

2003年，自由职业者被允许从可征税收入中为自己、配偶和抚养人百分之百扣除健康保险金。

2005年，所有的美国公民，不论是企业健康保险持有者还是个人/家庭健康保险持有者，允许拥有一个健康储蓄账户（HSA）。所谓健康储蓄账户有点类似于应对健康支出的超级IPA或者401K。

2006年，允许企业为雇员提供免税补助自行购买个人/家庭保险，而不是被迫加入昂贵的"一刀切"的企业集体健康保险计划。

虽然这三个划时代事件的影响还不为人所知，但是它们就像企业垄断保险高墙上的一道裂缝。

可以预见，如果给予消费者在不同的竞争者中自由选择的权利，保健服务业市场将会变得高效和令人愉快。

竞争的压力很快会迫使所有的医疗机构不是强迫客户接受由只注重减少成本的企业和由说客控制的政府所提供的产品和服务，而是允许客户自由选择自己想要的保健和医疗产品。

如果能让联邦政府从庞大的保险业的经营事务中脱身，把美国富有创造力的优良传统应用在卫生保健的分配方面，我们的社会会变得更加高效和创意十足。

美国人已经发现了一种新的解决方案，那就是直接从他们所在州的大的保险公司中，购买个人的或者家庭的健康保险。

8

什么是个人/家庭健康保险政策

个人/家庭健康保险政策是指完全为了单个人或者某些家庭成员，向某个保险公司或者政府购买保险。

个人/家庭的健康保险政策与雇主发起的团体健康保险政策有两大方面的不同：

（1）雇主及其团体健康保险的提供者在法律上需要接纳所有的保险申请者，不论他们的健康状况或者生活方式如何。相反，美国46个州（包括华盛顿在内）所有的保险机构，对于那些不健康、吸烟和肥胖的人，可以拒绝他们或者向他们索要更多的保费。这样，保险机构就有能力向健康状况良好的申请者提供比较便宜的健康保险（除了纽约州、新泽西州、马萨诸塞州、缅因州和佛蒙特州）。

（2）雇主为团体健康保险支付的保险费每年都在上一年的基础上有所增加。相反，你为个人或者家庭支付的健康保险费不会逐年增加，同时也不会因为你上一年的健康状况或者保健的支出而被取消健康保险。

与雇主发起的团体健康保险不同，个人和家庭的健康保险是一种更切合实际的保险，因为它切实地提供了安全保障。只要你支付保险费，你的保险计划就不会因为你失去了工作、换工作，或家人生病而被取消，同时保费也不会递增。

所以，如果个人/家庭健康保险计划比同样福利的团体保险计划更便宜，如果需要支付的保险费不会因为将来的疾病而增加，如果你换工作的时候仍然可以维持个人和家庭的健康保险，还有什么好犹豫的呢？

那么在美国，为什么不是每个家庭都拥有个人/家庭健康保险计划？

过去个人/家庭健康保险的费用曾经是团体保险的2倍，直到现在，前者的费用才减少为后者的一半。这是因为：

（1）健康支出，特别是大病的花费，对于大多数客户来说是偶然事件。过去，突发心脏病或者Ⅱ型糖尿病就被视为重病，这就是为什么人们会绑在一起，以此从经济上保护自己，就像他们对生命、汽车和火灾保险一样。如今保健的消费是相当有预见性的，这是基于个人先前的健康史，如肥胖、不好的营养状况，或者是吸烟以及他们的选择。

（2）在许多州，过去保险公司按照个人申请者及其家庭成员的健康状况，决定保费的多少（这样做是违法的）。现在，46个州允许从医学的角度来承保，同时也允许保险公司给予更加健康的申请者政策的倾斜和补贴。

15%的18—65岁的人消耗了这个群体85%的医疗消费，这就是为什么46个州的保险公司能够向健康的个人/家庭成员申请者提供更加便宜的医疗保险，价格仅为同样福利的团体医疗保险的1/3到1/2，而团体医疗保险被规定接受任何健康状况和生活方式的申请者。

（3）2005年税法改变了旧的规定。旧税收法规曾规定雇主向员工提供免税的个人/家庭的医疗保险政策，团体医疗保险计划中员工是税前购买保险，而个人/家庭计划中员工需要税后购买保险，所以一个员工为自己和家人购买保险要付出两种费用。2005年这个税法改变了。

雇主不会告诉员工他们购买个人/家庭保险比参加团体计划更加便宜，特别是如果员工要在保险计划中增加配偶或者是另一个人，雇主会收取绝大部分的费用。如果雇主告诉健康的员工，私人的承保者可以向他们提供保险，那么他们一定会改变自己的保险政策，这样雇主就只能承担那些健康状况较差的员工的医疗保险了，这显然不是雇主愿意的。

还有，如果你不符合私人保险公司个人/家庭健康保险政策的要求，现在也可以参加州政府担保的保险计划，比如很典型的是蓝色集团，政府会给予保险公司适当的补偿。政府担保的保险业务一般会收取个人/家庭健康保险2—3倍的费用，这样算起来一个四口之家，如果其中有一个不健康的成员，那么保险费会高出50%左右。虽然从2005年开始许多州就已经开始实行这种政府担保的保险业务，但是很难申请，最后只有一些身体欠佳的公民参与进来。

如果你有严重疾患，此时政府担保的保险计划是一种对寿命的讨价还价，一年3600美元的保险费可以获得每年10万美元以上的保险。然而，由于经济原因，显而易见政府不会为他们的保险业务做广告。所以，只有那些在州政府里有熟人的人才可能利用得到。

迄今，许多雇主还是为员工购买医疗保险，如果员工希望在保险计划中附带伴侣或者孩子，雇主会加收50%以上的费用。如果你的客户，他们的伴侣或者孩子的健康状况良好，你就可以说服他们，个人/家庭健康保险政策既可以照顾到家庭，又可以为他们节约50%的钱。

> 如果你的客户和他们的家人身体欠佳、吸烟或者超重，你就得提醒他们会为健康保险付出很高的代价，所以要为健康投资。一旦他们减肥成功，健康状况变好，他们就能获得更优质、更便宜的个人/家庭健康保险计划。

如果你和你的顾客正在长期服用处方药，你们需要知道：

（1）这些药物后面的经济动因。
（2）怎样合理改善饮食，加强锻炼，优化生活方式。
（3）怎样要求你的医生帮助你停止服用这种处方药。

9

帮助你的客户为健康投资

每个健康专家都需要了解健康保险,以及指导顾客如何获得更优质廉价的健康保险。客户在健康保险上节约的钱,会重新投入到自己的健康业务中。具体来说,你需要告诉他们:

(1)怎样通过个人/家庭健康保险政策,以较少的钱获得更好的健康保险。

(2)怎样节省健康保险花费,并将省出来的钱投资到保健养生中。

(3)为什么每个美国公民都要有健康储蓄账号。

如果你的客户中有雇主,你应该告诉他们如何建立一个净成本的职业健康计划,这就是健康偿还安排(HRA),它可以使你客户的雇员也成为你的客户。

10

第五波商机指南

1. 当今的健康保险体系对你选定的保健产业领域会产生怎样的影响?如果这一体系一旦崩溃,你的生意会受到何种影响?

2. 消费者向健康储蓄账户的转移会对你选择的保健产业领域的商机产生怎样的影响？

3. 怎样在健康保险上指导你的顾客适应你自己的健康业务。

4. 一旦客户转向个人/家庭健康保险政策，年费就取决于他的健康状况。建一个工作表，告诉客户为什么保持健康就可以节约保险年费，而你的健康业务又是如何帮助他们做到这些。

5. 对一亿美国人来说，处方药都是很重要的一笔开支。如何与医生合作帮助客户远离处方药，将这笔钱花在其他有用的地方。

6. 每个人都应该有健康储蓄账户，你自己就必须多了解它，再向潜在的客户推销自己，取得他们的信任。

> 通过回答以上问题，重新思考、调整你所选择的三项保健商机。

第六章
经销致富
The New Wellness Revolution

古往今来，在日用品的生产和流通领域，有的人发迹致富，有的人则血本无归。只有不断拓展经销渠道，才能不断取得成功。

当今社会，经销渠道尤其重要，因为对于绝大多数的产品和服务来说，经销成本占了零售价格的70%，而健康产品的经销成本，甚至占到零售价格的80%。

探讨保健产业经销商机之前，保健企业家必须首先明白在无限财富背后的生物学动因。

现代经济的生物学原则

我在教授学生"无限财富"的理论时,常用一个例子来说明。让学生假设他们在荒岛上遇到船难,没有任何物资储备。为了生存,他们必须组织一个小社会,针对生活琐事进行必要的分工,例如,囤积食物、建造居住地、采集木柴,等等。

首先,他们要在新的岛屿社会中对各种杂务进行公平轮换,但是,没过多久,他们就明白最好的方法还是按个人优势和专长分工。

周一出去找果子的人,不但带回苹果,还知道周二应该到哪里找苹果。到了周三,他不仅知道在哪里能够找到苹果,还能自己做一些工具,例如口袋或者独轮车,把苹果运回居住地。周四,他已经开始用工具采摘一些高处的苹果,不用等到它们自己落下来。周五,他可以用不到一小时的时间完成以前一天的工作量,然后就有时间开始研究怎样做苹果酒或者苹果酱。

渐渐的,一部分人只用少部分时间就可以完成所有的生活琐事,这样社会成员就可以解脱出来开拓其他的事务。比如,制造新产品、新工具,甚至是提供娱乐活动。

随着大量各式各样的物品被制造出来,新的需求就产生了——配销商品和服务。不久以后,一些人开始全心全力地从事配销工作,告诉人们别人都在做什么,什么是有用的。这些从事商品流通的人员,或者说是商人,最后成为全岛最富有的人,因为他们在创造最大的价值,特别是当存在另外一个岛上社会时,商人就可以与他们进行产品和工具的贸易。

这一堂课说明了现代经济体系中无限财富的两个基本原则:

> 第一，随着时间推移，每个人都可以通过运用由专业分工带来的先进技术，生产无限量的单一产品或者服务，创造无限财富。
>
> 第二，社会的整体财富受限于经销。

有赖于自由贸易法律的保护，美国成为世界上最开放的产品和服务市场，拥有了强大的经济实力。美国宪法一般允许各个州自己管理州事务，但有一个例外——任何一个州都不可以制定法律法规侵犯公民间自由贸易的权利。

与此类似，当今世界的经济强国，西欧、日本和亚洲虎（韩国和新加坡等），经济发展都是依靠区域内10亿左右居民能自由贸易。

> 居民多达10亿的自由贸易区——西欧、北美、日本和亚洲虎（韩国和新加坡等）将构成未来的国际保健市场。而新兴的中国市场，更是潜力无限。

从政治的角度来说，经济欠发达国家和地区面临的挑战在于，怎样使55亿人参与自由贸易，而同时又要防止国内经济的急剧动荡引发政治不稳定。

2

最大的商机不在制造，而在经销领域

20世纪70年代，自然资源的短暂匮乏达到了高峰，经济成功的关键就在于取得比较廉价的制造方法。如今，由于制造技术的不断进步，制造业的造富能力已经让位于流通领域。经销成为未来经济发展最大机遇。

例如，1967年，一架照相机或者一套时尚服饰的售价是300美元，当中有差不多150美元的生产成本和150美元的经销成本。由于制造成本占零售价格的50%左右，所以降低制造成本很有可能会省下大笔的钱，如果降低10%—20%，零售价就会降低15—30美元。20世纪60年代和70年代，赚钱的企业基本是那些能够成功降低生产成本的企业。

40年后的今天，同样品质和样式的产品零售价只有100美元，但人们有时并没有注意到这个，因为他们已经转为购买更高质量的产品。同样质量产品降价高达2/3，主要原因在于技术进步，新兴技术使生产成本从150美元降到30美元，甚至更低。产品的经销成本也下降了，从150美元降到70美元，差不多占单价为100美元产品的70%左右。

零售价格成本分析

	1967年		2007年	
生产成本	150美元	50%	30美元	30%
经销成本	150美元	50%	70美元	70%
零售价	300美元	100%	100美元	100%

相比较而言，流通领域的模式创新不像制造业那样，新技术不断，所以经销成本下降空间没有制造业那么大。

如今，市场零售价100美元的产品，其制造成本只占大约30美元；生产成本降低10%—20%，零售价只会降低3—6美元。

但是，100美元的产品，经销成本占70%，降低10%—20%的经销成本，价格就会降低7—14美元。有时只要减少任何一个厂商到顾客之间流通链条中的一个环节，经销成本就会降低50%以上，相当于100美元的产品降低35美元，甚至更多。

由于经销成本占零售价格的比重上升，早年迁往海外的生产基地又迁回美国。大部分在美国销售的外国汽车都是在美国境内生产的。世界上最大的汽车生产基地是俄亥俄州马里斯维尔（Marysville）小镇的本田雅阁汽车厂，其多数的产品都输往了日本；奔驰SUV系列最热门的生产线在阿拉巴马州，宝马最流行车型的生产线在南卡罗来纳州。

> 由于经销成本的比重增加，最近30年发大财的人，大都是靠流通领域模式创新，而非制造领域创新起家的。

沃尔玛创始人萨姆·沃尔顿44岁时进军商界，1992年荣登全球首富的宝座。萨姆一生从未涉足制造业，在他的理念里，沃尔玛只销售其他公司生产的品牌商品。20世纪80年代电子数据系统集团的罗斯·佩罗特因为创造了更好的软硬件销售方式而成为亿万富翁。70年代，联邦快递的弗雷德·史密斯舍弃传统运输方式，直接成立一家航空运输公司，由此成为亿万富翁。这样的例子不胜枚举。

互联网时代的例子当首推大富豪、亚马逊网络书店的杰夫·贝佐斯。他曾被《时代周刊》选为年度风云人物。这些新经济巨头们就是利用新工具——互联网，更有效地经销产品。

3

20世纪的经销

如果仔细观察新兴大富豪，不难发现，经销的本质已经变了。经销实际上包含两个过程：

（1）信息传播。将能够改善生活的产品和服务的信息传递给消费者。

（2）经销产品。将产品和服务送到消费者手上。

萨姆·沃尔顿、弗雷德·史密斯和其他大富豪，大都是因为找到更好、更便宜的实体通路，把消费者耳熟能详的产品送到消费者手中，从而发家致富的。21世纪的杰夫·贝佐斯们则是通过向消费者传递新产品和新服务资讯，而这些产品和服务大都是客户以前根本不知道的。

> 保健行业的企业家和投资者们应当懂得是什么触发了经销和流通行业的变革。

早在19世纪以前，经销商的主要工作是告诉消费者什么能够提高他们的生活品质，所以商人们自卖自夸，不厌其烦地宣传产品占据了大部分的时间。

到了19世纪，随着信用集中、地产行业、购买功能等新技术的进步，百货公司异军突起，很快取代了小贩和个体商人。

兴起的百货公司不仅利用技术降低了商品的销售成本，还向顾客提供其他服务。这打破了传统的行销原理，激发了顾客永无止境的消费需求。你到百货公司去，未必是真想买东西，而可能是去找一些你没见过的新玩意儿，而一旦找到后它就成为离不开的必需品，例如电灯、洗碗机、制冰机、自清洁烤箱。

在电视机发明和大众传媒出现之前，百货公司成功地履行了经销领域的两个功能：首先是告诉顾客们什么是能够改善生活的新产品；再告诉他们什么是有用的，帮助他们选择那些符合要求的产品，并把产品从工厂运到顾客家里。百货公司成为新的实体通路。

4

知识经销VS实体经销

知识经销的过程,是指导消费者怎样购买产品和服务,特别是那些他们以前根本不知道,和那些自认为买不起的东西。

实体经销的过程,是协助消费者得到那些想要得到的产品和服务。

与其他行业相比,保健和健康产业更需要兼具这两种经销功能。

从1950年到2000年,传统意义上的百货公司逐渐没落,部分原因在于技术的进步。全球信用卡和购物中心的兴起,使百货公司的许多原始创新都过时了。

> 但百货公司没落的最主要的原因在于,实体经销的服务水平跟不上知识经销服务的发展。

当消费者的购买倾向从传统的耐用品(大型家电、家具)转向消费品(清洁用品、纸巾、电池)时,总是希望能尽快和定期得到它们。传统百货公司的陈列布局无法满足顾客的需求,而又不能马上改变布局。都还记得去百货公司买胶卷的经历吧,我们只能等待收银员,而他却正花20分钟的时间向别人推销新款照相机。

有感于此,萨姆·沃尔顿的超级购物中心就是舍弃知识经销,完全以实体经销为主。这些购物中心卖的是顾客最需要的东西,并且能在最短的时间以最低的价格买到。传统的百货公司敌不过这种经营方式,走向了衰落。

大众商品生产商也从广播电视的发展中受益,大众传媒使热销货越过百货公司，直接送到消费者手中。如今很多制造商都能够通过大众传媒与他们的顾客亲密接触。生存能力较强的零售商，像沃尔玛、凯玛特、目标百货，都在依靠廉价的、有效的经销系统。顾客忠诚倾向已经从个别零售商（西尔斯、梅西百货等）转向个体制造商（索尼、列维斯和宝洁）。

30年前，这种趋势逐渐形成时，常常听到消费者抱怨自己对商品的了解比售货员还多。今天到零售店买东西的人都自认对产品比售货员懂得还多。

百货公司失败的教训给保健、健康企业上了一课：

> 现代商业的关键，在于实体经销水平与知识经销水平的匹配，反之亦然。而且企业家要始终把握流通领域变革的机遇。

对于保健企业和创业者来说，可以从百货公司和大中商品店的兴衰历史，学习许多值得借鉴的经验。但是有一点值得强调：

以往要花50年到100年才能发生的变化，现在只要5年到10年就可以发生。

自1981年起，长达70年历史的内燃机工业，只花7年时间就被电子燃油喷射引擎取代了；从1985年开始，光盘技术用5年的时间取代了有50年历史的唱片技术；从1995年开始，电子邮件用短短3年的时间取代了有30年历史的传真机。

回顾商业史中的是非成败，你就必须好好想想健康产业的未来，因为现在5年发生的变化，以后可能只要5个月或者更少的时间就会发生。

专卖店趋势：保健产业新机遇

最近，零售行业出现一种新的趋势——品类专卖店。这种方式既保留了大型购物中心实体经销的优势，又超越了传统百货商店知识经销的服务。

像家得宝、宠物商城（PetSmart）、美国电脑（CompUSA）、玩具反斗城（Toys"R"Us）和宝贝反斗城（Babies"R"Us），这些专卖店都可归类成一种大型商店，以最低的价格供应最多种类的商品。这就促使消费者不远万里慕名而来。

由于只售卖一种很特别的商品，能够吸引对此商品本身就感兴趣的员工。另外，它们还为自己的员工和顾客开设课堂，帮助他们了解产品。它们通常比生产商更懂得应该怎样使用这些产品。

> 因为较强的信息掌控能力和市场号召力，专卖店引领了零售行业的新变革——充分利用特殊的营销模式、品牌效应，它们的零售价格低于平均生产成本。

举例来说，1992年，假设某家公司全套空气压缩机（每半年20万件）的批发价格为300美元，而在五金商店卖600美元。公司的生产成本是每件200美元，其中50美元花在可变劳动力和生产资料上，150美元用在5年分期偿还的设计费用和工具损耗费用上。如果5年生产100万具空气压缩机，公司就要先期投入1.5亿美元在生产基地的建设、研发、工具耗损、机械设计等上面。

1993年，假设家得宝认为零售价低于600美元，比方说200美元的价格出售这种空气压缩机，并预计售出50万具。家得宝出价100美元一具，共50万具。起初厂商拒绝了这单生意，声称他们的生产成本都是这个价码的2倍。但是，经过考虑之后，他们认为在边际效益上仍然可以盈利，况且如果拒绝了，家得宝会找到他们的竞争者，这样他们就出局了。最后，厂商接受了，而家得宝实际上卖出了80万具。这样看来，厂商实际上使产品的成本降到了50美元以下，远远低于之前的每具150美元。

结果，最终的获益者还是消费者，他们能够用200美元买到原先600美元的产品，比之前的批发价300美元还减少了1/3。

> 专卖店和创新大卖场也利用类似的手法在生产的淡季或者是停产的时候进货，用最少的钱买到质量最好的货物。

例如好市多（Costco）这类公司，并不长期经营某项业务，当某一品牌制造商的生产基地空闲时，好市多就向他们下订单。在空闲阶段，厂商还是要支付工人工资和维持工厂运营，所以他们会接受比正常批发价格低很多的价格。另外这些厂商还有存货需要处理，这就保证了好市多最流行最优质的商品。

可以说专卖店代表了目前最进步的零售方法——最好的顾客沟通、最有效的流通渠道以及以最低的价格卖品质一流的商品。但迄今为止，保健产业还没有出现重量级的专卖店。

> 这也正是保健产业最宝贵的机遇：建一个一流的专卖店，结合最好的知识经销和实体经销，提供最好的保健产品和服务。

还有，保健产业的专卖店获利会更加丰厚，这是由健康产品的特质决定的。

6

零边际成本新时代

专卖店能够以低于批发价的价格出售优质的商品，主要是因为市场经济正进行一场深刻的变革：

> 我们已经进入了一个零边际成本的新时代。
>
> 这对经济各领域都意义重大，尤其是保健产业。因为绝大多数的保健产品和服务都是低边际成本，甚至零边际成本（例如维生素、营养补充品和健康俱乐部会员资格）。

实际上，现在分摊在每个产品上的生产资料和劳动力成本都已经下降到很低，而研发投入和营销成本成为问题的关键。

生产过程中从原始材料到消费者手中的成品，需要经历四个阶段：

（1）研发。

（2）生产。

（3）知识经销。

（4）实体经销。

以往，产品和服务最大的支出成本是生产成本（第2项）和经销成本（第4项）。生产资料和劳动力是生产成本最昂贵的部分，它们的高低随产品生产的数量而变化。同样，经销成本中最主要的费用是储存、转移和运输，这部分成本的高低也和经销的数量有直接的关系。

现代经济中，产品和服务最重要的成本是研发（第1项）和知识经销（第3项）。这适用于几乎100%的新产品和服务，例如软件、娱乐、交流、保健等各个行业，产品的成本几乎全是研发投入和市场拓展费用。一些传统的产品和服务的情形也大致相同，例如照相机、服饰等。

因此，制造和经销的本质发生了质的变化，特别是对于那些低边际生产和经销成本的产品来说，例如保健产品和服务。

> 今天，制造领域的商机在于设计和创新，而不是千方百计地降低单位成本；流通领域的商机在于知识经销，而不是实体经销。

在这轮变革中，大型零售商受到最大冲击。成千上万的消费者发现他们从网上或者依靠工厂—用户一站式的流通系统来购买家用品极为方便快捷。再加上批发购买和从厂商直接购买能够降低价格，以及联合包裹（UPS）和联邦快递（FedEx）的低物流费用，比顾客直接从零售商店购买还要划算。

而这些节省的开销还只是个开始。由于数百万的消费者更青睐直接从厂商那里购买家用品，渐渐的制造商也选择直接向家庭供货，而不是将它们的产品储存在那些中间批发商那里。厂家直接销售越多，价格就会越便宜。

沃尔玛、好市多量贩店这类以实体通路起家的大型商场为了使销售渠道更加专业化，迅速建立起网上商店，以期打破技术性障碍，避免自己出局。然而，即使是这样，它们仍然在打一场很艰难的战争，因为它们还是将最主要的精力放在了降低总成本的实体经销上。殊不知现如今以及在可预见的将来，最大零售商机是在知识经销上。

> 对于保健产品和服务而言，知识经销的作用更是不可忽视不可小觑的部分，一则因为消费者还不知道许多产品的存在，二则因为许多产品和服务的边际成本很低甚至为零。

7

直销创富：实体经销与知识经销的完美结合

新产品和服务的推广通常需要一对一的客户沟通，所以，只有对产品的使用训练有素的人，才可以为顾客提供高品质的沟通和技术指导。比如20世纪70年代的录放机，80年代的长途电话服务和电话留言机，90年代的维生素和营养补充品。

几十年来，消费者越来越青睐于新产品和新服务。但即使近年兴起了专卖店，为消费者提供保健产品信息的场所还是少得可怜，更遑论对消费者提供知识经销了。

> 在这一背景下，许多采用人对人或一对一服务模式的直销公司成长飞速，它们将实体经销和知识经销完美结合起来。

20世纪80年代，安利通过与微波通信公司合作，首先推出了消费者长途电话折扣服务，以及通过安利专有Amvox服务建立了家庭电子语音传输系统。

20世纪90年代，直销公司成功地推广了维生素和其他营养补充品，像麻黄（减肥药）、碧萝芷（抗氧化药）、松果菊（感冒药），都是先透过直销渠道经销，然后才成为商店的畅销品。

拜新技术所赐，从1995年到2004年，美国的直销行业营业额增长了70%，从170亿美元增长为290亿美元，这是同期传统零售商店增长速度的2倍。

> 采用传统经销模式的企业竞争激烈；而直销公司的市场容量还在不断上升，并且这一趋势将长期持续。

目前全美国每年直销总额接近300亿美元，传统的零售商店年营业额是4.5万亿美元，占比不到1%。2005年仅沃尔玛的销售额就超过了3000亿美元。从日用品、教育软件、绿色食品到营养补充品，适合直销模式的产品和服务将会不断涌现。

> 因此，告诉消费者怎样获得这些产品和服务，也就是说知识经销，在现阶段和可预见的将来都是最大的商机。

可是到现在还有很多企业，也包括一部分直销公司，没有弄清楚状况。它们仍然倾向发展代理商，卖出自己的产品，而不是教育顾客。

> 直销商有必要先了解清楚实体经销和知识经销的区别，这样有助于帮助它们掌握更好的沟通渠道，这是传统的零售商不具备的优势。

8

网络创世纪

每一位企业家都不能忽视网络的重要性，需要明白网络对于其商业的意义。特别是健康产品行业，企业家更应该熟悉网络的历史及其在流通中的作用，将网络融入自己的商业计划中，随时准备回答投资者和合伙人对于网络方面的问题。

网络体系最显著的特征就是，将每个输出者和接受者都当做一个独立的用户、服务器或主机。网络改变了整个世界的核心，使经济权力从组织下移到个人。

如前所述，商业界的先行者已经注意到，经销成本所占的比例大幅度上升，从20世纪60年代的50%到今天的70%。未来的商机属于那些发现更好经销模式的先锋者，而不是斤斤计较怎样造东西的人。这些先锋者成功了，因为他们使用了电子实时沟通工具，将零售商、厂商和供货者联系在一起。例如今天沃尔玛的电脑数据库仅次于五角大楼，能够有效地降低流通成本，而又提高服务质量，不论顾客什么时间、在什么地点、想要什么产品，都能即时地送到。

20世纪90年代初期，实时技术的使用仅限于大型公司，它们有能力建立和供货商的即时传输网络。这种实时高速的传输科技带动了90年代经济起飞。此后，每个人都可享受即时交流工具带来的经济和生活的好处。无论是小企业，还是世界500强的企业，它们的经营领域都拓宽了。每个企业必须建立属于自己的沟通体系，因为顾客和成千上万的小供货商都在网络上。

我们站在大街上就能体验到这种改变，从等车到买东西吃。车站之间是电子网络系统连接的，当乘客等车的时候，司机会把车停靠在路边。购物者通过电子体系也可以了解他们所需要的东西（纸碟、牛奶、鸡蛋）是否已经上货、装载，是否已经到了市场，货物还可以直接自动送到他们的家中。

华尔街的资本大佬们当然不愿意错过这场财富盛宴。如今市场资本化排名在华尔街前100位的绝大多数的公司，都是高科技的"工具制造者"。它们从不单纯制造某种产品，无论是吃的、住的、穿的，或者是解决问题、传递信息，还是给顾客他们最终想要的东西。这些"工具制造者"的职责，是帮助其他的公司更好地生产出顾客需要的产品，而它们也因为价值附加能力变得越来越有钱。当今美国资本市场上最有钱的公司，20年前并不存在，比如思科、微软、英特尔、甲骨文、谷歌和沃达丰，但现在它们的净资产加起来，已经超过了1万亿美元。

一般人无法认清网络的真正本质：成千上万的高科技公司也都是工具的制造者，它们并不生产消费者想要的某种最终产品，而是帮助其他的公司生产和流通最终产品，尽其所能地满足顾客。

但在新一轮财富革命中，拥有最终发言权的，还是那些生产和经销最终产品和服务的公司，以及那些与顾客直接接触的企业。从2001年开始，沃尔玛成为全美销售额和员工数量规模最大的企业。正如凯恩斯曾经说过的那样，"消费是全部经济活动的唯一目的"。

不幸的是，许多企业和投资者都犯了致命的错误——把互联网看做是生意本身。但实际上，互联网只是一个工具，可以被用来提升生意中的商机。

> 网络的成功与失败，特别是健康产业网络生意的成功与失败，取决于产品和顾客。

第五波商机指南

1. 以往需几个世纪发生的变化现在只要几十年就能发生，现在几年里发生的变化将来只要几个月就能发生。快速的变化，将会为你的保健事业创造哪些商机？

2. 怎样将知识经销运用于你的保健事业？核算它的成本。这样做能为你带来收益吗？你的保健事业能否承受这项成本？

3. 知识经销的过程，是告诉消费者什么样的产品和服务他们还不知道，或者是还不知道是否能够承受。实体经销的过程是帮助消费者得到他们想要的产品和服务。这些流通过程中的机遇就是你的潜在商机。记住，最大的商机在知识经销。

4. 假设像家得宝、宠物商城这样的行业巨头也投身于健康产业，分析它们会对你的保健事业产生怎样的影响。你在竞争中是否能够生存下来，你是否有能力成为这些行业巨头的供货商？

> 通过回答以上问题，重新思考、调整你所选择的三项保健商机。

第七章
直销——最佳起跑点
The New Wellness Revolution

财富第五波商机无限，创富模式多种多样，但我最喜欢直销。直销特别适合于刚刚起步的新兴企业。直销，也被称作网络营销。

现在美国的直销业已经今非昔比了。

优秀的直销公司及其所属的经销商只有自己销售产品或者与它们的合作伙伴从实际产品的销售中获得了收益才能抽取佣金，而不是只要说服人们签约加入就有佣金。

大多较为优秀的直销公司都是直销协会（DSA）的会员。该组织对会员有严格的行为标准要求，包括（购买者）可以退回未使用的商品以及不得为谋利而作虚假宣传。

我之所以推崇直销，原因在于：

人人都有成功的机会，而不用经历传统的工作历练或者冒着投资血本无归的风险。

大多数的直销机会有助于个人的成长和锻炼。

自大学毕业33年来，我做过白宫官员、花旗集团副总裁、几家公司的创始人和CEO以及纽约大学的教授。现在回过头看这些经历，我发现，能造福最多人的还是直销。

就个人而言，我从来没有在直销公司干过，也没有代言过哪家公司的产品或服务。虽然有时被恭维为直销行业的专家，但当我1991年3月被邀请到安利公司的大会上发言的时候，我甚至不知道什么叫直销或者网络营销。

第一次接触直销

成为经济学家以来，就一直为营销以及它在经济生活中不断变化的作用所吸引。1991年2月，作为《点石成金》一书促销活动的一部分，我参加了"拉里·金现场"（电视节目）的访谈，并提出了自己关于营销的理论。这次露面之后，第一个打电话跟我讨论这次访谈的就是萨姆·沃尔顿，沃尔玛的创始人，也是当时世界上最富有的人之一。第二个打电话给我的是唐·赫尔德（Don Held），安利公司的钻石级人物，邀请我参加下个月在圣路易斯举行的安利公司的大会并压轴演讲。

演讲前，我努力想弄清楚关于安利和网络营销到底是什么。主办方告诉我不用担心，只需集中讲我自己的本行——经济学与营销就好了。

当我收到此次活动的邀请时，发现我的演讲被安排在周六晚上9点，并要求正装出席。我感到很惊讶，因为没有人会邀请一个经济学家在周末发表演讲，更别说在周六晚上系上黑领带了。当我晚上8点钟来到大厅巡视整个会场时，发现灯光暗淡，3500人正随着舞台上歌手克里斯托·盖勒的歌声一起载歌载舞，我还以为我走错了地方。随后，9点钟，灯光打亮，开始播放介绍我演讲的视频。每一个人都安静了下来，回到座位上，拿出纸和笔并开始仔细记笔记。在结束了两个小时的演讲后，我又和他们领导人中的60位精英来到宾馆会议室，做领导人培训，直到第二天早上6点才结束。在后来的10年中，主办方发行我演讲的录音带已经超过1000万盘。

自1991年3月第一次接触直销以来，我已经在全球为20家加入了直销协会的公司做了大约200场的演讲,每场的参加者从5000人到5万人不等。在过去那些日子中,我和妻子与许多来自直销行业的领导人建立起了深厚的友谊。我们认识了数百名身价百万、千万的直销商。但我们最喜欢的是投入直销的人不论是否发了大财,人生都有了很大的转变。

2

直销改变人生

2002年,我们家整修房屋,准备增设电梯。承包商告诉我总共有3个报价选择,其中质量最好的一家电梯公司,要价却比其他两个公司少40%。我于是决定第二天早上和这家电梯公司的老板见面。这家电梯公司的老板叫马修·海德,29岁,看起来像个大学生,但给人感觉却像一个经验丰富的CEO。在谈妥交易之后,顺便聊起了他的经历。

"我们曾经见过面,"马修说道,"早在1991年安利的演讲会上。你的演讲改变了我的一生——这就是我为何如此渴望获得这份为你建造电梯的合同的原因。"马修接着告诉我,他在17岁时高中辍学,结婚生子。在19岁时,没有高中文凭的马修正为了一份微薄的薪水在一家加油站工作,就在这时,他加入了安利,成为一名经销商。作为大公司的一名初级经销商,马修在系统中学会了如何去培养、激励别人以及一整套全新无限的思考方式,特别是在他无钱聘用演说家和励志者时,这些东西十分有用。这是马修第一次亲自见识了教育的力量。随着马修的直销事业蒸蒸日上,他获得了为一些重量级人物开车,以及和诸如文森特·皮尔、金克拉等著名演说家共进晚餐的机会。24岁时,马修全职投入到直销行业中，并在25岁时成为安利公司的"明珠"级经销商。那一年，他开始兼职经营一家小型的电梯公司。

27岁时，马修意识到，虽然他热爱直销事业，但如果把在系统中学到的培训和无限思考方式运用到自己的电梯事业中，或许有更大的前途。于是他将全部精力投入电梯事业。接下来几年，马修使他的电梯公司的销售额达到了2000万美元，在30岁之前赚到了人生的第一个100万美元。今天，马修的电梯公司成为美国西部最大、世界第五大的住宅电梯公司。马修的下一个目标就是将公司的销售额提升至1亿美元。当时他才只有34岁！

和我聊天时，马修有时仍会露出对直销的眷恋。当他谈起公司的62名员工和3个孩子以及他如何运用8年直销行业中的所学教育他们的时候，他总是兴奋异常。他不讳言，他现在虽然挣到了更多的钱，但并不比过去有更大的影响力。那时，他常常能对数千名的事业伙伴施加影响。每每当他回忆起直销岁月的时候，我都希望他能重返直销，再续辉煌。

马修是我1991年以来所遇到的数千名离开直销行业的成功经销商的典型，他们都坦言，直销经历帮助他们在其他领域功成名就。在马修第一次参加的直销大会上，一个演说家建议，每个人应该每月至少读两本新书——一本关于个人发展，一本关于领导力。马修虽然已经离开直销行业7年了，但他仍坚持每月读两本新书。我问马修从直销中学到的最重要的三件事是什么？他回答道：

> 第一，教育。在加入直销前，我一直讨厌学习，因为我不知道知识的重要性。我没有获得高中文凭——但是今天我却让很多具有博士学位的人为我工作。
>
> 第二，专注。
>
> 第三，设定目标。

马修的故事给我很大的启示。每当面试应聘者时，如果他们是缺乏文凭或经验的人，我总在想："这会是另一个19岁的马修·海德吗？"不幸的是，当下社会，企业负担很重，经营成本居高不下，它们往往无力为在基层的工作人员提供培训机会。

从1991年起，我遇到很多像马修·海德一样的人。这群人不曾上过沃顿商学院，也不曾从花旗银行开始他们的事业，但是他们都从直销行业中找到了最初的机遇和获得了系统的训练。这就是我为何大力推崇直销业的原因之一。

> （1）它赋予每一个人成功的平等机会，而不是仅仅专注其背景、学历和履历。
> （2）它允许每个人以自己的方式去获得成功。他们从公司、系统和领导人那里获得培训，他们的成功也是培训者的成功。

3

现代直销业

过去几十年的技术进步，使得直销在新经济中的重要作用日益凸显。

直销是个快速发展的行业。在过去十年中，其在美国地区的销售额已经增长了两倍以上，2005年直销在美国的销售额超过300亿美元。直销在全世界的销售额接近1000亿美元。

当前，在美国从事直销的人员超过1500万人，全世界从事直销的人员约有5000万人。

多达3/4的美国人有通过直销购买商品或服务的经历，超过通过电视和网络购买人数的总和。

接近半数（45%）的美国人表示他们有意通过直销购买物品。

大约90%的直销人员都是兼职。

> 这些数据只是冰山一角。直销模式之于保健产业，大有可为。

4

今天的直销就是知识经销

现代直销的初期阶段，是在20世纪60年代及70年代早期，当时直销基本上就是在自己的家中开出一个杂货小店。而现在却不是这样了。

今天的直销完全就是知识经销。当直销人员和客户谈论某件产品和服务的时候，他们基本不再直接交货，而是依靠快递或其他方式把产品送到顾客那里。直销已经摆脱了单纯的送货上门的角色，开始担负起教育的功能。

今天在直销行业中蓬勃发展的都是那些采取了独立经销商模式的公司。这些公司大多数都集中在知识类产品的销售上，让人们知道这些新的产品和服务有助于提升他们的生活。那些真正兴旺的公司都有某种独特性或专利，而更重要的是这些产品和服务的确比较有效。

直销真正表现出众的地方是在一些所谓的"信息密集型"产品和服务上。也就是说人们通常不知道这些产品和服务，它们还没有广泛的为社会所认可和了解，因此需要大量的信息去传播它们。在现实中，这通常是那些具有高价值或高品质的产品和服务。

直销之所以特别适用于传播保健产业中的优质产品和服务，原因就在于保健产品必须仰赖人的切身体会和现身说法。今天的直销就是由一批某种产品和服务的使用者来完成人对人、面对面、一对一的销售的。不同于汽车、电子产品和服装的销售人员，直销人员有知识、有热情，并且是他们所销售产品和服务的长期爱用者。

5

直销是一种"主动"媒介

讲演会上，人们经常问我：互联网是否会取代直销商？

尽管互联网很强大，但它和20世纪八九十年代的电视销售一样，并不能代替直销中人的作用。因为技术有它本身的局限性，互联网和电视一样都有缺憾：它们只是一种被动媒体。

传统的广告媒体不能有效地传达"颠覆性信息"，也就是"新观念"。今天大多数的信息媒体依然都还是被动媒体。电视是最典型的一种被动媒体，我们不能用它来真正地传输新思想。报纸也同样是如此。在很大程度上可以说，互联网也是这样。

想想你是怎样看电视的：大多数人是靠在沙发上全身心放松地看；事实上，当你真正看到一些具有挑战性的，不同于你原有知识结构的东西时，你会怎么做？你会换台。对于大多数的媒体都是这种情形。任何时候只要你遇到一些挑战你原有世界观的东西，你就会换台，或者是在你的互联网浏览器上点击"后退"键，跳到另一个页面。

逛亚马逊网上书店时，你可能不知道你到底需要什么样的书，但是你知道你在寻找一本关于某个主题或者某种类型的书。在互联网上，你只会去了解你希望了解的产品，换句话说，就是你心中已经有的那样东西。

直销之所以有用，就因为那一种面对面交流是我们主动学习的最好方式。当一种全新的行为方式或最新信息展现在我们面前时都会引起我们的思考。

教育或与我分享新知识新方法的人都是我生命中的贵人。投资顾问给我演示的投资工具增加了我的财富；健康顾问给我介绍的新产品结束了我的膝盖疼痛；金融顾问给我展示了一种能够满足我需要的新型医疗保险。我一直以来十分珍视他们所提供的种种服务。

做生意时，我通常喜欢直接和人打交道，哪怕他们的产品要比网上的报价稍微高一些。因为他们总是能教我一些新东西或者给我带来一些附加价值。在我看来，为此付出一点儿高价是完全值得的。新事物越是大量涌现，我就越是需要这些人的指引和教导。

在教授人们想要了解的信息方面，互联网很快将取代人的传授作用，因为它更为快捷、详尽。但是面对面、人对人销售的优势在于它能告诉人们一些他们需要了解的东西，因为他们原先不知道这些东西已经存在。这种面对面的销售模式最有利于发挥教育的作用。

> 当前，在传播保健产业产品和服务、提升人们的生活品质方面，直销是最为有效的媒介——因为人们或者不知道这些新产品和服务的存在，或者误以为自己无力承担。

6

被动收入

对大多数人来说，致富的唯一方法就是通过创造被动收入。被动收入也被称为剩余收入，是指在获取该种收入的劳动结束后，收入仍将继续增长——换句话说，这些收入是原始努力的延续。

创造被动收入，就必须拥有某种资产，不管是实体还是知识。在启动工作完成后的很长一段时间里，你的收入都将年复一年地持续增长。

例如房地产，你需要努力去进行大量的整合；一旦完成了这项工作并且获得了你想要的房产，那么你的收入就将一个月接一个月地流进你的腰包。这也是"王室"（royalty）的最初含义，因为只有"王室"（比如国王和王后）才能拥有大片土地，才能从居住在这片土地上的人那里获取收入。

1989年，成功开发一处商品房后，我认为该开发知识产业了。我开始写书，并且成立一家出版公司，以便出版和发行我自己的书。现在，我写的那些畅销书，每个月都为我源源不断地赚得大量金钱。

这就是经济自由和经济奴隶之间的根本区别。如果你的收入大部分来自薪水，即使你从事的是一些高级工作，比如说高级律师、外科医生或企业顾问，但你仍为工作时间所束缚。每一天你都要从零开始去挣你的钱。如果停止工作，也就停止了你的收入。

相对来说，被动收入却是源源不断地，每一个月，乃至一生你都会获得这种收入。就像美国的农场主学着去提高土地生产力一样，当你的被动收入每年持续产生时，实际上你也就提高了你所用时间的经济生产力。

这也是我大力推崇直销的原因。并不是每个人都能开发一处颇有价值的房地产，也不是每个人都能写出一本畅销书。但直销却给我们提供了这样的机会，每个人都有机会去创造一项可观的被动收入，无论你是什么背景，有什么专业技能，或积累了多少财富资本。

> 在直销中，你所要去获取的"资产"就是一张人际网络，他们的产品销售量将为你这个网络缔造者带来大量的被动收入。

7

帮助别人成功，你一定也会成功

直销赚钱的机会在于：培养和培训你的事业伙伴发展他们的生意。在你的伙伴们发展生意的过程中，他们也就消费了你公司的产品或服务，你也就创造了更多的收入。这些收入中的一小部分将会回馈给你；而他们呢，也将和你一样，去培养和培训他们的事业伙伴。

如果你花费数万美元向别人购买特许经营权（例如成为麦当劳的加盟商），那么他们铁定赚钱，而你将承担风险。如果你失败了，将血本无归。

但直销就不同了，你失败时，你的领导人也将遭受损失。他们失去的是用来培养和培训你的时间；你失去的只是一些象征性的启动资金。这也是直销和特许加盟的本质区别。

大多数的直销公司都会遵守直销协会（DSA）的行为准则，其中包括：不会因为你招收了新成员而给你报酬，或为你加分；我们只为那些在组织中为公司销售产品的人付出报酬。所以，只有你的生意欣欣向荣，才符合你的领导人的最大利益。

这和传统公司的激烈竞争的工作环境不同。在直销行业中，流行着这么一句话：只有你帮助别人获胜，你才能获胜。

> 当你帮助别人做出明智的选择，帮助他们在家乡创立一项事业，使他们有更多的时间与家人共处时，你也就开辟了一条被动收入渠道。你帮助很多不同的人，你将会获得回报，而且回报不仅仅是金钱上的。

8

如何选择直销公司

如果说你想踏上第五波革命，开始一项直销事业，该如何作出明智的选择呢？

第一，产品和服务是最关键的因素。直销行业有条基本法则：做自己所销售产品和服务的爱用者。

因为直销的本质在于面对面沟通，信任自己的产品是生意的基础。问问你自己："如果我不是公司的一员，还会购买这种产品和服务吗？这些产品是不是只是普通产品，还是说这些产品和服务具有某种科技优势？这些产品是不是有些创新或独特之处？它是不是一种更好、更新的做事方法？它是不是能改善人们的生活？"如果你的答案是否定的，那么就趁早离开吧。

第二，公司与前景。直销商都喜欢说："直销是为自己，但不是靠自己完成的。"当你作为直销商为自己工作时，你应该选择一家产品优良和有好的支持体系的公司。

支持体系包括营销模式、培训机会、在线订购系统、运营系统，最为重要的，是新产品和新技术。

对直销商而言，选择一家合适的公司实际上比选择一个合适的雇主更为重要。如果你错选了一个雇主，如果出现了一个拥有更好产品的新雇主，你完全可以跳槽到新雇主的公司去，并向你的客户销售那些更好的产品。但是如果你已经建立起一个覆盖成千上万事业伙伴和顾客的网络，你可就不能简单地给他们一个电话，让他们全体转向新的供货商。

选择公司之前，你应该考察一下公司创办人的背景、履历以及能力。他们的发展轨迹是什么？公司从事直销有多久了？在此之前，他们还从事过别的事业没有？他们是否一如既往地提供最好的信息、培训及教育？

直销的最大优点在于它能在很大程度上开发你的潜能，拓展和提升你的技能。所以，它们使用了最新最好的技术吗？它们的互联网页面能告诉你些什么？ 直销的魅力还在于，它是一个很适合在全球扩展的行业。所以，了解公司国际影响力如何？它下一步的全球战略和目标是什么也很重要。

在它们的网站上、它们的印刷材料及影音资料中，你可能会找到大量关于该公司的信息。除了公司提供的信息外，在你决定选择某个公司前，你应该和那些在这个公司有过直销经历的人谈谈，以此来印证那些信息的真实性，并尽可能地了解透彻。

> 当你选择一个直销公司的时候，你不只是简单地附属于某个供货商，而是在选择事业伙伴，选择你的商业合伙人。

9

终极标准——耐心和期望

在直销行业，有很多平凡的人取得了不平凡的成就，获得了终极财富。成功故事举不胜举，以致一些刚刚投入直销行业的新手常常对他们的新事业充满不切实际的期望。

稳健的、高品质的直销公司的判断标准之一就是：公司会告诫它的每一位直销商，只有通过较长时间的追求和努力，才能最终获得适当的收益。换句话说，直销不是一夜暴富的手段，它只是能让你致富的一种可能的手段。

那么，需要多长时间呢？负责任的直销公司会告诉你：只有持续努力3—5年，你才能够建立起能长期获取被动收入的渠道。

10

财富第五波商机指南

1. 分析一下直销在多大程度上与你在健康领域的商业计划相吻合。你的产品和服务能否采用直销模式？

2. 你的产品和服务是否具备直销所需的特质？如果没有，看看你是否能做些什么以使它们更能吸引直销商的目光？

3. 如果你的保健事业已经采用直销模式，你应该仔细读读这章，并就在"如何选择一家直销公司"这部分提出的关键性问题问问自己：

(1) 产品和服务。

(2) 公司和支持体系。

(3) 创办人或核心管理层。

4. 基于上述问题的思考，想想在保健产业中，你该如何去把握所选择领域的商机。

> 通过回答以上问题，重新思考、调整你所选择的三项保健商机。

第八章
捷足先登，坚定目标：做下一个百万富翁

The New Wellness Revolution

面对万亿美元财富金矿，究竟该抢占哪个最有利位置？

是生产保健产品？还是提供保健服务？或者当个专业保健顾问，强调知识经销而不是实体经销，把最好的保健产品传送给周围的亲朋好友？或是当个研究新兴产业动态的投资者或投资银行家？或是为保健革命提供必要的工具？还是分头并进？

毋庸置疑，经济体的每个部门都和保健产业有关，从日常的饮食和必要的医疗照顾，到呼吸的空气和晚上睡觉的床。要赶上这股保健热潮，未必要直接投入保健产业（例如饮食和医药）。银行家、律师、会计、营销主管、经销商、保险经纪人以及数以千计的向健康行业提供工具和服务的专家都可以踏上财富第五波、创造可观的财富。

提供工具和服务致富

从1876年以来,"淘金热"一词就一直是"捷足先登新兴或高利润产业"的代名词。但在加利福尼亚州的淘金热中,真正发财致富的并不是淘金客——而是向淘金客们提供服务的商人。一提到淘金热,就让人联想到亨利·威尔斯和乔治·法戈的名字,尽管他们都不曾挖出哪怕是一盎司的黄金。1852年,他们发挥货运业的专长,联系驿马车(美国旧时使用),运送黄金,以满足顾客和矿主的需求;还成立富国银行,为矿主融资。这些使他们成为银行、运输及保险业的佼佼者。

威尔斯和法戈为淘金客提供贷款、货运和银行服务,因而对黄金开采行业了如指掌,就连那些真正靠挖黄金致富的淘金客们也自叹弗如。

> 今天许多为保健产业提供服务的人,即使从未生产或经销任何保健产品,也可以成为财富第五波的弄潮儿。

一旦开始了保健事业,不管是网络营销还是产品生产,都要注意你面临的挑战。问问自己,是否和那些与你追求同样道路的人有相似的挑战。如果答案是肯定的,把你想得到的帮助和别人走向成功的方法列成一张清单。

你可能发现,帮助、培训他人开创某一项保健事业比自己直接经营会更成功,就像鲍勃·霍夫曼博士建立的"治疗师联盟"(The Masters Circle,TMC),或者像皮特·戴维斯和凯西·戴维斯夫妇创建的IDEA和ACE一样。

2

治疗师联盟

　　一些健康专家意识到，教育和培训他人，比本人亲自治疗病人更能发挥潜力。"治疗师联盟"就是一个例子。

　　治疗师联盟是由脊椎指压治疗师们所经营的，专为指导、培训脊椎指压治疗师的训练机构。它使得每一个治疗师都能很好地发挥作用，就像他/她拥有数百名职员一样。该组织帮助他们经营业务、招揽病患和与供应商接洽，最为重要的是，该组织帮助他们分析与跟进专业领域内的最新发展。

　　鲍勃·霍夫曼博士记得自己18岁时首次接受脊椎指压治疗的情景。他得了严重的感染性单核血球病，并有柠檬般大小的肿块。这令医生倍感棘手，最终建议他休养4—6个月。幸运的是，他母亲推荐他进行的脊椎指压治疗，仅仅两周，便获得了完全康复。

　　三年以后，鲍勃大学毕业，当初那个治疗师支持鲍勃进入了哥伦比亚脊椎指压治疗学院。在学院里，鲍勃被告知：一个成功的治疗师应该能在10年后，实现每周接待100个患者的目标。而鲍勃4个月后就达到了这一水准。到1981年时，鲍勃每周有700名病患上门求诊，很快他就成为纽约州最为成功的治疗师，跻身百万富翁行列。

　　鲍勃的朋友，另一位脊椎指压治疗师拉里·马克森因为摔断了胳膊，不能再继续指压治疗了。他康复后，开始做其他治疗师的顾问。他发现自己顾问工作做得有声有色，因此，他决定不再从医，而开始了一项成功的咨询事业,将公司命名为"治疗师联盟"。拉里邀请鲍勃·霍夫曼加盟,担任CEO和总裁。

到2000年,治疗师联盟已经拥有270名脊椎指压治疗师会员,会员费7000美元。而每一位医师,就如同个人拥有了270名同事,能相互切磋学习。然而随着保健产业的飞速发展,治疗师联盟及其成员需要一些新元素,以使他们迈进到更高的层次。

回望过去6年,鲍勃说:"最初是勉为其难做这项工作,但现在意识到:在我行医的过程中,无论过去帮助过多少人,和当前通过帮助治疗师而去帮助的人数相比,都显得太苍白无力了。"

在鲍勃的领导下,治疗师联盟在不到6年的时间里,会员增长了大约4倍,达到1000名成员,人均9000美元年费。在访谈中,鲍勃指出其成员的年平均收入已达30万美元,比上年增长了27%。"每个成员投在治疗师联盟的9000美元获得了10倍(1000%)的回报率。"

每一个治疗师联盟的会员权益如下:

(1)五次全国性研讨会。每次会期2—3天。传授最新的技术、个人发展技巧、成功法则、领导力、商业智慧和最新保健趋势。

(2)顾问委员会。18名高级治疗顾问每天接受咨询或帮助解决问题。

(3)125场小型研讨会。即电话研讨会,也叫做实践公开讨论会。每场会议15分钟,由20名成员参加,每次一个主题。有的成员一年参加2—3场,有的一周就参加2—3场。

(4)会员月刊。关于最新治疗方式和创业经验,每期8页。

(5)大师讲坛。每周派送的大师的语音杂志。

(6)每月数据分析。每个成员每月的执业数据分析,分析留任率、行业发展趋势、优势与劣势。

(7)大师备忘录。来自拉里·马克森的月度评论及成员数据更新情况。

(8) 脊椎指压治疗助理通讯。为治疗助理准备的月度时事通讯。

(9) 每周一早上提供的电子版周刊。

(10) 网上留言板。会员可以随时刊登他们的信息，联系其他成员或交流思想。

> 2000年，每位治疗师联盟的会员所接受的指导、培训和教育相当于他/她拥有10位身价200万美元的员工；今天，每个成员相当于拥有100位身价为900万美元的员工。

2004年治疗师联盟推出了治疗助理医师的教育、培训计划，首期共有268人顺利毕业。

一谈到未来发展，鲍勃·霍夫曼就眉飞色舞。他意识到尽管脊椎指压治疗非常重要，但它只是正在凸显的万亿美元的保健产业的一部分。看看治疗师联盟给脊椎指压治疗所带来的一切，鲍勃希望在保健产业的其他方面也能有同样的指导、培训及专业化。现今治疗师联盟已经有一些非治疗师成员了，包括一些内科医生及急诊室护士。鲍勃现在正在周游世界，将他的成功经验推广到全世界。

3

健身教育——培养一支健康专家队伍

如果你曾和私人训练员皮特·戴维斯和凯西·戴维斯谈过话，你一定会被他们所感动，他们是IDEA和ACE的创办人。他们培养了一支2万人的专业团队，并将专业性、标准化、教育性带进了保健产业。他们的故事对每一位力图加入这个万亿美元产业的企业家都深具启发性。

皮特和凯西的结合对全世界的保健及健康产业有着深远的影响。

现代人都明白健康的重要性，但在1982年，情况却是迥然不同。消费者对于怎样安全有效地健身没有足够的认识，几乎没有什么健身专家，只有一些健身器材与方法。例如，老师在训练课上播放的都是黑胶唱片。上课时，大家都穿着长筒袜子，根本不懂得合适鞋袜的重要性。私人教练只是名人和高级运动员的专利，普通大众根本无缘聘请。

皮特和凯西的IDEA应时而生，它的宗旨就是帮助健身教练获得可靠的专业信息。凯西说："我们先是向300名会员发送了IDEA的时事通讯，随后我们成立了非营利性的IDEA基金会（今天被称为美国健身协会，或ACE），提供业界第一份证书，此外，IDEA还制定了行业的第一份行为准则，并向该领域表现突出者进行了奖励。"1989年，该组织举办了首届私人教练大会，第二年，又为教练们创办了一份会刊，后来变成了杂志。今天，私人教练已经成为IDEA最大的会员来源，拥有11000名会员。

1982年以来，IDEA向医疗和健身专家们提供了大量保健产业资讯、教育资源、职业发展规划、行业领导艺术。IDEA的会员包括私人教练、塑身专家、计划与健身指导、业主与商业经理、团体健身指导。它专注于提供科学基础上的实用方法。

现在，该公司已经在全球80多个国家拥有2万多名会员。最初简陋的会刊已经发展成为IDEA健身期刊，该期刊是健身专家们最为看重的公开发行物。IDEA每年的世界健身大会与会人数已经超过5000人，使该会成为医疗及健身领域内最大的教育盛事。另外还有2500名专家参加IDEA的健身联合大会，以及私人教练教育大会。IDEA的目标就是"让全世界都来健身"，并鼓励那些习惯久坐的人成为其会员。当前在诸如身心训练、保健、瑜伽、皮拉提斯、螺旋塑体索等方面正在继续开展培训及认证计划。

皮特和凯西信奉的一条商业原则就是：聆听顾客的心声。在25年的时间里，他们经常拜访IDEA会员及行业领袖，以便他们能够把握健身行业的最新动态。他们也听到消费者的需求——顾客们正逐渐变得怠惰、超重，且为各种错误的健身及保健信息所困惑。

皮特和凯西对于公司下一步的发展感到很兴奋：探索心灵、身体与精神之间的内在联系以获取最大的健康效益。为此，他们设立了诸如"内心IDEA"会议等机构去帮助专家们探究这些令人兴奋的新科学，并希望能为大脑—身体—心灵的训练带来好处。

皮特和凯西深深认识到身心训练的重要性，他们为员工设计了一项新的健康计划。"我们总是鼓励员工在可能的情况下多说、多走、多沐浴，"凯西说道，"我们腾出房间专门用于静思、瑜伽及其他较为安静的活动，同时，也举办一些健康讲座，播放励志电影，开展一些户外活动，包括社会活动和志愿者活动。"

"我们现在知道，对于那些不愿运动或者习惯久坐的人，既要看到其外在因素，也要看到其内在因素，"皮特说道，"为了获得最佳结果，健康专家应该用各种方法去帮助他人获取健康。"

"IDEA及保健产业的未来是什么呢？"皮特预计，"相信五年后将会有各式各样的心理训练。我们期待着能与所有的人分享我们对于心灵保健的热忱，我们希望能把健康带给全世界。"

> 健康产业内的每个专业或者每个附属专业，最终都要像皮特和凯西在个人健身行业所做的那样，需要专业化、标准化及继续教育。

4

抢占保健金融商机

> 对于提供金融服务的人来说，把家庭用于治病的钱转为医疗保险，所隐含的商机不亚于整个保健产业的商机。今天这种机会和25年前威廉姆斯抓住的机会不相上下，威廉姆斯，一个平凡人却改变了寿险业的面貌，今天他已坐拥4亿美元的资产。

威廉姆斯的父亲死后未留分文，只有少得可怜的寿险理赔金。他决定不再重蹈父亲的覆辙。

当他作为一名普通客户前去购买人身保险时，威廉姆斯才惊讶地发现有如此多的人被寿险公司占尽便宜。1950—1980年间，大型保险公司出售的大部分是终身人寿保险，这种保险主要针对上班族。在那些日子里，保险公司让员工到当地社区或少数民族社区，去向自己的亲友或邻居兜售保险。保险公司出售保险不是从它的经济优势出发，而是教员工进行情感销售，意思就是，你坐在潜在客户的餐桌旁并告诉其配偶："如果他爱你的话，他就应该签下这份保单，以便将来他有不测时，能为你和孩子提供一些保障。"然而，这些员工却隐瞒了一些事实，即潜在的保户其实只要花更少的钱，就可以在其他地方得到相同或更好的保障，而且这位保险经纪人赚取的佣金等于甚至高于第一年的保费。

终身人寿保险实际上就是一般的定期寿险搭配一个强制性的低利率储蓄账户。比方说，一位30岁的健康男性买一份10万美元的死亡保险的话，每年的保费为1400美元。而同样保额（10万美元）的终身人寿保险，每年却要花5000美元——其中1400美元用于购买死亡保险，剩下的3600美元就用来货币增值了。从理论上说，被保险人每年支付5000美元，临死的时候应该获得每年1400美元带来的10万美元保金以及那3600美元所能带来的资本增值。最终，在25年后，资本增值的部分已经达到10万美元，那么保险实际上成了一笔自筹资本——这就是说被保险者以后不用每年再支付保险金了，死亡后受益人来领取这份10万美元的保金就行了。

不过那只停留在理论上。实情是：（1）在刚开始的那一两年，资本并未获得增值，因为保险公司要向销售人员支付3600—7200美元的佣金；（2）那以后3600美元中也只有1%会用于资本增值；（3）资本增值的利率其实是比较小的（2%—3%）。销售人员从来不会告诉（也许他们自己也不知道）客户每年只花1400美元购买死亡保险，剩下的3600美元他们完全可以存入联邦保险账户，这样做的话，每年同样地存5000美元，25年后会变成20万美元，并且是有美国联邦政府作担保，而不是存25年获得仅仅让一家私有保险公司作为担保的10万美元。当威廉姆斯听到表兄剖析其中门道后，他不仅成为一个聪明的消费者，且投资方向也发生了改变，他开始做起兼职保险推销员，向他的朋友和邻居推销定期寿险。

威廉姆斯以一句简单的口号"买定期，投资差额"教育客户，效果出奇的好。不久，他成为一名全职保险推销员。

1977年，他与其他85位志同道合的保险经纪人一道，成立威廉姆斯经纪公司，以此来推广他的"买定期，投资差额"的理念。他们很快招募到了数千名的会计、律师及金融策划师。

> 至1990年，威廉姆斯公司已经拥有一支22.5万人的销售队伍，成为全美最大的个人人寿保险公司——比第二名的纽约人寿和第三名的保德信总和还大一倍。

最后，迫使美国主要的人寿保险公司不得不终止这种欺骗消费者的销售方式,并推出一些在经济上可与威廉姆斯公司相抗衡的金融产品。1990年公司已经拥有3000亿美元的寿险额,威廉姆斯毅然把他的公司卖给了普莱美利公司(Primerica)。

5

如何把商机变为事业

> 通过观察本书提及的保健企业家,虽各有不同的教育背景、工作经历以及个人境遇,但大多数保健领域的企业家都是在成为保健顾客后,发现他们的健康需求得不到满足后,才去有针对性地开始他们的事业。

史蒂夫·狄玛士找不到可口的蛋白质食品,创造了思尔克豆奶;保罗·韦勒买不到素汉堡,才创办了花园汉堡;陶德·库德曼博士为了提升健康质量,成立一家公司去评估人们的保健计划,为此,他还成立专业网站去评估营养品;弗兰克博士在致力于保健中心前,有自己的健康危机;作为一名顶尖运动员,吉尔·史蒂文斯·肯尼知道自己需要什么,所以她开办了私人健身俱乐部。

在软件行业20年的发展中,大部分的财富都为这类商人所赚取:他们一开始是想为自己的公司设计一套操作系统,随后他们发现通过向竞争者出售该系统能比他们经营原来的事业更赚钱。同样,保健产业中的财富也大部分为保健消费者所赚取,他们往往能发现有些特定的健康需求不为市场所满足,从而开办自己的公司以满足那些遭遇相同问题的人的需要——就像威廉姆斯在保险行业所做的那样。

  重要的是现在就去保健产业的某一领域内创办自己的事业,看看你过去的经历与知识究竟将把你带向何方。这可能比你想象的要容易些,因为保健产业的商机早就渗入了每一个专业领域,你可能已经自觉不自觉地深入其中了呢!

保健及其相关行业

  ● 会计或银行家可以结合保健经销的业务,与消费者向HSAs(健康储蓄账户)、HDHP(高免赔额健康保险)和健康导向的保险转化的机遇相结合,或者只是简单地经销健康保险,并以此为媒介为他/她的会计所/银行争取到更多的客户。

  ● 厨师可以学着去做流行的健康食品,随后可以开一家保健餐厅、保健餐饮公司,或者成为一名保健食品生产商。

  ● 牙医可以利用此次机遇在他们的专业领域内开展更多的服务——牙医们已经走在医学界的前列,因为他们的实践主要都是集中在预防工作上。

  ● 像我一样的经济学家,可以集中精力来认清这个万亿美元的保健产业的趋势,并将这方面的知识推销给保健人士或其他专业人士。

  ● 农民,甚至是家庭园艺师,他们可以种植诸如毛豆之类的更为健康的食物并告知他们的顾客如何食用。

  ● 美发师可以在美发过程中使用更为健康的产品,然后开始自己的营销事业,向他的顾客出售该类产品。

  ● 学学威廉姆斯,保险经纪人可以引导客户购买保健导向的保险,一旦获得他们的信任,就可以向他们推销那些利润更大的保险项目(比如汽车、住房、人寿)。

  ● 新闻从业者可以留心保健产品或保健公司的发展,在这方面建立权威。

  ● 律师可从数百种保健项目或保健金融业中专攻其中一两项,招揽客户。

● 按摩理疗师是推广保健观念的重要推手，可以推销保健产品给顾客。

● 护士可以调整方向，更关注于疾病的预防，而非治疗，并将这种调整与保健营销业、保健咨询业相结合。

● 眼科医生可以着重在视力老化和衰退之前的治疗行为，并且利用这项新的业务重新招揽顾客或开始保健相关的经销事业。

● 医生显然站在最有利的位置，调整自己成为各项保健产业的最佳代言人，首先可以积极寻找健康人士，并告诉他们如何避免成为病人。

● 销售员可以亲自去推销保健产品，也可以成为最新的保健科技的专家，因为这些都是符合客户利益的，卖各种产品之前先建立顾客的信任感。

● 教师需要知道什么对学生最重要——当前正在从实体经销变为知识经销，教师也许会非常适合在保健行业内发展。

● 兽医在推广人类保健及动物保健观念上处于一个非常特殊的位置。事实上，当涉及营养及滋补时，兽医往往比医生更为在行。兽医学院比其他的医学院更会强调营养的重要性，在今天人们常用的营养物质（如葡萄糖胺、主要矿物质）的研究方面，兽医学院也走在前列。

6

当个保健投资人

> 我给你的投资保健产业的最好建议是：投资之前，先成为投资公司的顾客。

要评估一家公司长期发展的潜力，最简单的方法莫过于亲自去试试它的产品。如果你喜欢某家公司的产品并已经投资其中，你也应该定期去看看其他竞争者的产品。技术日新月异，今天的沃尔玛很可能就沦为明天的格兰特（W. T. Grant）。

如果你是医生、保健经销商、保险经纪人或任何保健行业人士，就必须不断关注和评估业内公司的产品，这样一旦公司经营陷入困境或有重要的新产品时，你都会是第一个知道的。

假如你是一名替病人做激光手术的眼科医生，那么你不仅要为你的患者挑选更好的激光器，还应该积极去了解市场上每一种激光器的性能并记下你对该公司产品的看法——从产品质量到销售业绩及服务。这样一来，你将会最先了解到，在你的专业领域内，哪家公司将会冉冉兴起，哪家公司将会衰落。如果你无力投资这些公司，你就应该与投资专家合作，让他们充分利用你的第一手经验，从而更好地评估公司股价。记住：你喜欢某产品绝不能成为你投资该公司的全部理由，因为你所喜欢的产品可能只占该公司营业额的一小部分，这根本不能全面反映公司的业绩。

我的爱好之一就是研究个人电脑的软件与硬件——我喜欢鼓捣我的电脑，也喜欢买新电脑。几乎每周我都会买些电脑配件。我特别喜欢搜寻那些全新的个人电脑配件，然后以合理价格将它买下。一家创投公司邀请我给他们的投资专家做演讲，讲我最近买了什么新的电脑配件，讲我为什么要买某一特定品牌，以及我在哪里买到的。他们告诉我，我对产品的第一手经验有时候比那些分析家的研究要更具价值。

身为经济学家，我总是对律师、医生、牙医、工程师、科学家以及其他人士所遭遇的情形感到震惊，他们在所属专业领域内努力工作才能挣钱，但却盲目听信那些声称"知道"股市走向的"投资专家"，而弄得血本无归。如果这些人真能未卜先知，洞烛先机，为什么不自己投资，何必和你分享信息让你坐享其成？

7

沃顿的秘密

刚到沃顿商学院念MBA时，就听说有门课叫投机市场学（speculative market），它能让你了解股票市场，并且这是让你迅速致富的绝好方法。这门课极受追捧，因此只能在毕业前的最后一个学期才能听到。

在投机市场学的第一天，教授让我们不要把内容对外讲，然而我马上就要告诉你们了——一个我保守了26年的秘密。首先，他解释说根本没有通过买股票而快速致富的方法，除非你愿意因内幕交易受刑罚。但是，他继续说到，当你毕业的时候，很多华尔街之外的富翁会错误地相信：我们这样的拥有沃顿学位的人，一定知道买哪只股票能够迅速致富。他说作为华尔街上新的股票经纪人，我们个人完全可以利用这样的机会而致富。

当你第一天做股票经纪人时，你应该买一份附有传真号码的1万名富翁大名单。你向5000人发份传真说："我是约翰，我知道通用的股票明天将要上涨，因此我建议您拿出1000美元购买如下期权。"与此同时，你向其他5000人发份传真，告知他们事情将向相反的方向发展："我是约翰，我知道通用的股票明天将要下跌，因此我建议您拿出1000美元购买如下期权。"第二天，不管通用的股票如何，你把那收到了错误建议的5000人名单扔了就是了。

然后，你向剩下的5000人的名单中的2500人发传真："我是约翰。如果昨天您采纳我的关于通用的建议，您昨天1000美元的投入今天将变为2000美元。我知道福特明天将要上涨，因此我建议您拿出2000美元购买如下期权。"你向另外的2500人发传真说福特明天将要下跌。同样，第二天，你向收到正确建议的2500人中的1250人发传真说："我是约翰。如果你昨天采纳了我关于福特的建议，那么你的2000美元的投入今天将变成4000美元。我知道克莱斯勒明天将要上涨，因此我建议你拿出4000美元购买如下期权。"向剩下的1250人发传真说克莱斯勒将要下跌。如此反复，直到剩下的78人拥有无可辩驳的证据表明你"知道"应该买哪只股票。然后你就可以开始和他们相约共进午餐，并告诉他们你对这些获得高额回报的人有什么打算，他们已经认为你是迄今为止华尔街上最聪明的人——他们也许愿意抵押房产和拿出一生的积蓄来投资，如果你赞同的话。

正如教授所说的，这个故事告诉我们：当你遇到那些向你表明他/她知道购买哪只股票能够迅速致富的人时，你只不过是在一连串相同行为后仅存的那78人（少于1%）之一。为了在华尔街上赚钱，除了长期对一个公司调查研究（包括它的管理团队、资本结构，最重要的是产品）外，没有其他办法。了解产品的最好办法就是在你所属专业领域内投入，因为你已经拥有很多的产品知识。

8

宗教的力量

宗教之所以伟大的部分原因，就在于它结合了教徒的世俗需求。有些读者也许想抢占商业舞台之外的机会，也许他们希望通过教堂、清真寺、犹太会所来传播健康。这些读者需要了解健康本来就是我们伟大宗教的一部分，一些教徒已经开始宣扬健康。读者、牧师、教会管理人都需要了解健康与宗教之间的联系。

《圣经》中关于伊甸园的故事提到上帝怎样使每一棵树有助于观赏，有助于结果。这远远超越了美学上的意义——《圣经》中所描述的各式各样的食物包含了健康所需的各种维生素、矿物质及葡萄糖。

当前，我们仍在发现"新的"古老的药物，从银杏有助于提高记忆力到圣约翰的麦芽汁可以减轻抑郁。这些发现不断地证明了那句名言："上帝在送来病痛之前，已经准备了解药。"

摩西说：在开始了解上帝之前，身体健康是一种宗教义务。保持身体健康是第一要务。

有的宗教机构会教导信众如何控制饮食。节食减肥这一活动就是建立在暴饮暴食是原罪这一教义上的。今天，在美国的大多数教堂里，都有许多类似的活动，对数百万教众的生活产生了极大影响。

节食减肥及其他类似活动都强调了饮食过量的罪过或负面影响。尽管这些活动已经取得了很好的效果，我相信对大多数美国人而言，对于健康的追寻还有更加合理积极的方法。

我生长在一个恪守宗教饮食法的犹太家庭。我们从不吃犹太教规所禁止的龙虾、小虾或猪肉——当我离开家去上大学后，我很快就把这些清规戒律抛于脑后。直到多年以后，当我开始在以色列生活时，我才发现在我成长的过程中，我都失去了什么。对我那些奉行戒规的犹太亲戚而言，只许吃经书上规定的食物并不是对权利的剥夺，而是上帝的一份大礼。饭前饭后，他们都会祷告，感谢上帝的指引。对他们而言，吃犹太经法允许的食物是一生的善行。

正如我年轻时误解了恪守清规的目的一样，今天许多人也误以为健康的生活方式就是对他们喜欢的东西说不。但是崇尚健康的人已经学会珍惜和感谢上帝赐予他们的养生之道。通过这些细小但合理的饮食规定从中体验上帝的智慧、独特性、亲和性。

> 宗教信仰是世界上最强的推动力量。健康行业的企业家可以将他们的健康事业与宗教相结合——用信仰推动他们的顾客奉行并坚持健康的生活方式,吃健康食品并有规律地进行锻炼。

9

视力保健——低价手术,预防失明

有些人不求名利,纯粹只是为做好事而做好事。基欧夫·托宾医生所倡导的健康革命就是如此,他给自己设定的终身目标是要消除那些可预防性失明。

当前,全世界共有3700万盲人,另外还有1亿人患有弱视,他们很难完成一些日常性工作,甚至生活自理上也存在很大问题。最可悲的是,85%的人的失明是可以预防和治疗的。

1.37亿眼疾患者中,有一半得的是可治疗的白内障——当今引发失明的头号祸因。白内障是眼睛内一团污浊的晶体状物质,如果你活得足够长的话,每个人都会受其影响。治疗白内障只需做个手术,将污浊晶体取出,换上人工晶体。

在发达国家,白内障手术非常普遍,做过白内障手术的人90%以上都能恢复视力。在美国一例白内障手术的费用大概是一只眼3500美元。

> 白内障手术也许是人类抗老化和保健治疗最成功的例子。

遗憾的是，因为价格问题，数百万人被拒之门外。在发达国家，因白内障而导致完全失明的情况基本不存在，但是在那些紫外线暴晒、饮食很差、缺乏清洁用水的地方，白内障几乎影响了6900万人，甚至常常发展到使人完全失明的地步。

托宾医生从哈佛医学院毕业后，当了一名外科整形医生，他便对攀岩兴趣浓厚。1990年，他成为全世界第4名登遍七大洲最高峰的人，也是第一批从珠穆朗玛峰东坡登顶的人之一。他对于登山（这些山大都在第三世界国家）的热情，使他有机会在扎伊尔和尼泊尔等地行医，在那里他亲自见证了白内障手术的"神奇"。

他回忆说："在我行医的村落里，通常认为一个人变老、头发变白、眼睛变白的时候，那么死亡也就来了。在那个地区没有人因失明而接受过治疗。白内障也就成了一种死亡宣判。一个失明的人对家庭而言是巨大的负担。但是，在使用当地麻醉药进行简短手术后，人们很快就恢复了正常生活。老人们能担负起家中的传统角色，而年轻人也能正常工作了。"

托宾受到很大的鼓舞，回到美国后，就转任眼科医生。当结束了他在布朗大学的培训后，托宾回到了尼泊尔，和名叫桑杜克·瑞特（Sanduk Ruit）的尼泊尔眼科医生一起工作。桑杜克·瑞特善于用一些低成本技术为人们提供同西方国家一样的医疗服务，当然价格要低得多。托宾采用瑞特的办法做了一些高质量的白内障手术，并开始教授其他的尼泊尔眼科医生。他们培训了尼泊尔第一批白内障显微镜手术的医生，然后改进技巧，再通过培训转移技术。托宾和瑞特发誓要更为积极地投入到现有的眼睛保护事业，希望他们能穷毕生之力消除喜马拉雅地区的可治疗和能防治的失明。

托宾也明白，在发展中国家解决失明问题需要两条腿走路：设立能提供出色服务的眼科中心，同时要设立基本的地区诊所，并让那些接受过眼部护理培训的技术型人才充实到其中。此外，托宾医生意识到要达到目标，还需要积极教育和培养当地医生。瑞特医生于1994年成立TILGANGA眼科中心，这是喜马拉雅地区第一家为患者设立的白内障手术中心。1995年，托宾和瑞特正式设立了他们的白内障计划慈善基金，以此来支撑他们的工作。

他们开发出一套高质量、大接待量、低成本的白内障手术系统。加德满都工厂提供的眼用晶体以及当地药物及器械，使白内障手术的成本降到了20美元以下！他们已经进行了5万多例视力恢复手术。

1994年，尼泊尔全国只有1500例植入新的晶体而恢复视力的手术。而2005年，已经有超过15万人接受了晶体植入的白内障手术。托宾和瑞特在做这个世界上最为普通的健康手术时，每一例只收取20美元——在美国，做同样的眼内晶体替换手术所需的钱是他们的175倍（3500美元）。

托宾和瑞特已经培养了100多名来自世界各地的医生，以及大量的护士和技师。他们在中国、印度、不丹以及巴基斯坦推行他们的眼部保健计划。2006年，又将这一计划拓展到加纳及朝鲜。此外，他们还向来自孟加拉国、缅甸、柬埔寨以及埃塞俄比亚的医生提供培训。托宾每年都要花费3个月的时间，在亚洲或非洲进行教学工作。现在他已经是喜马拉雅地区白内障计划的负责人。

托宾医生提供几项关于如何减少患眼疾几率的建议：

（1）戒烟或者不吸烟。吸烟和白内障以及与衰老相关的眼内混浊物恶化直接相关。

（2）多摄取富含抗氧化物及OMEGA-3脂肪酸的食物。鱼油也有助于降低混浊物恶化及患白内障的风险。用太阳镜来阻挡紫外线也能减少患眼疾的几率。

（3）经常去眼科医生处做常规检查，可以发现潜在的致盲因素，如青光眼。及早发现能够有效防止视力受损。

托宾医生同时也参与营养补充品及眼药水的研发实验，希望能够有效推迟甚至扭转白内障。

> 托宾和瑞特将名垂青史，不仅仅因为他们发明了当前世界上最为普遍的保健手术，更是因为他们让这一视力矫正手术能为数百万盲人负担得起。随着健康革命步入下一阶段，在向大众提供他们消费得起的各种健康产品和服务方面还有很多类似的机会，就如同当年亨利·福特在汽车普及化方面所做的那样。

第九章
健康无限，财富无限
The New Wellness Revolution

"太难受了！"多里安·格雷看着自己的自画像，自言自语道。"太难受了！我将会变老，这太恐怖，太可怕了。但是画里面的他却总是那么年轻。如果能够倒过来那该多好。如果我永远年轻，而画里面的我在慢慢变老！为此——为此——我愿付出一切！是的，全世界里没有我不愿放弃的东西！我甚至愿意为此付出灵魂！"

——奥斯卡·王尔德《多里安·格雷之画》

为什么健康无限

人体内的细胞在不断地新陈代谢。从细胞层面讲，大多数保健活动的目的都是为了确保每个细胞能够获得足够的原料——蛋白质、维生素以及矿物质——这些都是细胞重组的必需物质。

但人生到了某些时候，某种因素会告诉器官内的细胞停止再生（除了干细胞）。这就引起了正常的衰老、疾病以及最终的死亡。有时，当某个器官或细胞不能忍受生化物质的缺乏时，某种因素就会刺激非正常细胞开始不可控制的自我繁殖直到它们破坏原有器官的功能（比如说癌症）。今天我们知道了这个"某种因素"就是生命基因密码中众多复杂指令中的一个，称之为DNA，或脱氧核糖核酸。DNA是在各种细胞内都能发现的器官合成物质，它包含有遗传及复制的基因密码。

基因密码是一部由30多亿个不同单词构成的人类"教科书"——可以全部用四个字母（A，T，C以及G）不留空格不加标点地写出来。早在1869年人们就发现了我们今天叫做DNA的物质，它在遗传中的作用到了20世纪下半叶才得以证明，而完整的人类基因图到21世纪初才完成。

> 我们对于健康产品和服务的需求，主要是受基因密码的作用的驱使，基因密码可以引发衰老——从皮肤上的皱纹到我们身体器官最后的崩溃。

从长远来看，对于基因密码的了解与掌握是保健产业发展的核心。

只需一根棉签或刮擦器就能从人的嘴里取得并检测DNA，并以此预测到一个人患某种疾病的可能性。

> 很快，根据新近完成的人类基因图，我们就可能去预测某种疾病或者某种非节食、锻炼等外在因素引发的症状。

科学家希望这种基因测试方法能够普及开来。往后几年，保健产业经销商可以根据检测的结果推荐一些维生素或营养补充品的相关疗法。

例如，一个人的基因显示他有患骨质疏松的倾向，那么在他年轻的时候可多让他补充点钙，或者某人的基因显示他容易患前列腺的毛病，那么他就应该早点吃些锯棕榈。

> 投身新兴DNA技术的保健产业企业家很快就会看到他们的事业将因此而得到拓展，特别是那些健康食品及营养补充品领域内的企业。

随着技术的进步，科学家们正研究所谓的基因干预，即对容易引发疾病的问题基因施行矫正或修复，维生素及补充品的这种运用方式将可能被基因干预所代替。当然科学家们认为这种基因修正方法不可能在未来几十年问世，用以全面治疗基因引起的疾病。

现在及可以预见的几十年内，人类的基因密码以及它所引起的衰老现象，将对保健产品及服务产生持续不断的需求。如果基因技术有突破发展，新的抗衰老保健品将更加增加人们对保健的需求，因为身体健康的顾客会希望更加的健康，现有的客户则希望更为长寿。

2

干细胞——让心脏手术过时

干细胞研究是保健及抗衰老的明日之星，前景广阔。

干细胞研究一直名声不好，因为某些特定的细胞要从人类的胚胎中取得。然而，毕竟还有许多其他种类的干细胞，大多数的干细胞研究都和人类的胚胎没有关系，因此也就不存在道德上的争议。

干细胞很特别，不同于其他在生命组织体内发现的细胞。一般的普通细胞都会最终停止复制和再生（引起衰老和死亡）。干细胞理论上是可以无限分裂的，它能够自我复制并补充其他的细胞。而且，每一个干细胞经过一次分裂后，仍可能还是一个干细胞或者成为某种特别的细胞，比方说肾细胞、脑细胞、视网膜细胞，等等。

干细胞根据来源（比如说骨髓、成人、胚胎等等）分类，它们有三个共同的特征：

（1）干细胞能够自我更新，也就是在很长一段时间内，它们都能持续分裂并自我复制，而不会改变其自身固有特性。

（2）干细胞不是"专门化"的，意思是说它们不具备组织专一性，或特定功能。它们不像心脏细胞那样能为血液施压并促其循环流动。它们不像脑细胞那样处理信息，也不像血液细胞那样有携氧功能。

（3）干细胞可以在异化的过程中产生出专门的细胞，意思是它们能够变为心脏细胞、脑细胞或血液细胞。

科学家们对把胚胎中的一些干细胞培育成人类颇为着迷，他们同样也对成人干细胞能防止受伤、抵抗癌症、取代受损组织或者减缓衰老的能力很感兴趣。理论上说，只要把某些干细胞注入坏死心脏或丧失功能的肾脏，就能够重新让肌体生长出新的心脏细胞或肾脏细胞，让那些受损器官恢复正常。

大量令人难以置信的研究正在进行，科学家从人体内分离出干细胞并保留它们的干细胞特性，并用它们来修复受损器官，比如说功能衰竭的心脏。犹他大学和盐湖城退伍军人医院的心脏外科医生罗斯·雷斯是从事这项研究的国际领军人物之一。

还是在汉尼门大学医学院三年级时，雷斯亲眼目睹了心内直视手术。那时，他致力于要成为一名心脏医生，10年后，他成了该专业领域内最杰出的医生。此外，他还完成了免疫学及微生物学为期3年的研究，他深深地被干细胞所吸引。他的论文写的是从骨髓中取出的特定的成人干细胞如何神奇般地保护哺乳动物免受致命辐射的伤害。

那时，很多心脏外科医生都对干细胞研究嗤之以鼻。大多数人认为，心脏手术是唯一能够解决机能问题的办法——当心脏出了什么问题时，你就应该打开胸腔，或者用机器设备或者用移植的心脏来取代。只有很少的外科医生精通干细胞生物学，并了解干细胞在治疗和防止器官受损方面的重要作用。在雷斯完成研究一年后，杜克大学的研究人员发现在心脏病发作之后，注入心脏的干细胞能够有效修复受损的心脏。雷斯的论文因此得到了证实。

1998年，雷斯进入了犹他大学，犹他大学在干细胞研究上走在前列，是第一家在人体内植入人工心脏的地方。雷斯在这里开始了他的心脏干细胞项目。

在犹他州的山地自行车赛上，我和雷斯成了好朋友。雷斯告诉我应该像珍爱赛车一样重视我们的心肺，告诉我应该怎样去调整呼吸并做些最适宜自己的锻炼。当我工作太辛苦并抱怨那天不能出去骑车时，雷斯总会把我从办公室里拖出去，并告诉我"除非你首先把自己照顾好，否则你无法给别人带来益处……放松身体，放松心灵，放松自我"。

雷斯很关心病人，在我们骑车的途中，他经常停下来接一些病人的电话。当说到他的大多数病人因不珍惜身体而被确认为心脏病人时，他常常感到惋惜，因为他们不得不接受生命中的一次痛苦的马拉松——开胸手术。他最大的遗憾就是，很多靠手术得以活命的病人很快又开始了暴饮暴食，吸烟、喝酒或者其他对身体有害的行为。这些行为使得他们不得不来找雷斯。正如雷斯经常说的那样："其实本可不必这样的。"

> 药物治疗及手术对于慢性病的治疗至关重要，但不是万灵丹，还要有个人保健计划的配合。

3

造福人群的机会

> 一些健康产业的企业家，很快就会成为新世纪百万富翁和媒体的新宠。成千上万的健康行业的企业家将会成为百万富翁——未来5年内，美国将会产生约500万名的百万富翁，他们中很大一部分来自于健康产业。

本书花不少篇幅介绍了保健企业发迹致富的策略，以及告诉你如何汲取成功的经验。但当你发财之后，社会上仍有些事情比增加银行存款更重要。

看看统计学上令人吃惊的数字吧。在美国，每年花在治病上的钱高达2万亿美元，几乎相当于我们收入的1/6。约有9000万的美国人或者人口的30%患有病态肥胖。1.95亿的美国人，即65%的美国人超重或不健康。在过去10年，这些数字翻了一番，仅仅过去5年就上升了7%—10%。

> 　　我们对保健需求的真实成本是不能通过数万亿的美元或数百万的人口计算出来的。

　　9000万肥胖人，代表的是生命的虚掷。他们缺乏精力，无法充分享受人生、工作和家庭的乐趣，他们大部分的人生都浪费在和疾病的纠缠上，但这只是治标之法，只能让他们恢复工作的能力，并继续去消费那些不健康的食品和更易致病的产品和服务。

　　在美国有1.95亿人超重，虽然不是肥胖，但是他们却经常因为营养失调而出现疲惫、紧张、头痛、精神不济以及肌肉无力。当他们求助于医药时，得到的答案往往是：这是老化的常见症状。

　　当然，这些不幸的人遇到你和你的保健产业时，情况将为之改观。

> 　　当你每天外出推销你的保健产品和服务时，你实际上传递了一个比你所要出售的产品和服务更为重要的信息。在对保健产品需求的背后表达的是这样一个概念：你的顾客可以掌控他们的生活并走上保健之路。

　　一般而言，消费者决定购买一项新产品和服务之前，心中大概已经冒出过两次要买的念头，但没有立刻采取行动，不久就忘得一干二净。所以，产品的曝光率要高，让消费者留下深刻印象，才会让他们在第三次决定购买时付诸行动。因此，广告公司促销新产品时总是事先告诉广告主，除非产品广告的音量够大，否则消费者不会上门。

你每次向潜在的消费者传达保健信息时，就算他对你个人的产品和服务反应冷淡，但每讲一次，就更接近让他做出有利保健的决定。从保健的立场而言，所有的保健企业人士都是有志此道的伙伴。所以即使你表面失败，但事实上却在让这位潜在保健消费者渐渐地接受保健，做出改变人生的决定。

> 正如在第二章看到的那样，当你成功地让你的顾客尝试你的新产品并有很好的保健体验时，他们就会变成"上瘾"的消费者，要求更多的保健产品和服务。

4

坚持是迈向成功的基石

希望你能从今天就开始自己的保健事业并成为这一伟大产业的先驱之一。你开始得越早，你就有可能获得越大的回报。但是开始后，没有看到立竿见影的效果时，你可能会丧失斗志。大多数的消费者目前还没有过亲身的保健体验——有过一次体验后他们就能消费更多的保健产品和服务——因此，保健领域的消费人群才刚刚开始涌现。你可能开发出了某种产品或服务，但是在你的产品或服务变得炙手可热前，你就已经退出，因为你短期内没有看到消费人口的剧增。

> 一旦你的产品和服务略有小成，你一定要有坚忍的毅力和后续财务保障，以推广给更多的潜在消费者。然后累积足够的客观数据，对结果深入剖析，以决定自己保健事业的方向。

数学上的概率概念有时是很难懂的，特别是对那些后起的企业家。频率概念说的是，虽说个案没有脉络可循，但是大多数的案例是遵循固有模式的。这里有个实验可以更好地理解概率，或者用来向你的伙伴讲授概率。

抛掷10次硬币并把结果记录下来。你可能会发现正面（或反面）出现的概率是80%—90%，而不是期望的50%。将同样的硬币抛掷100次——当你这样做的时候，你发现正面（或反面）出现的概率是介于47%—53%之间。

这就是为什么你不应该因为某些事一开始时的结果而垂头丧气。分析很多案例，概率是一个很好的预报器。

> 保健产品和服务的成功销售的几率一般是50%，但是刚开始的10次中，你却可能败8—9次。相反，你也可能在开始的几次销售中获得了成功，但是却把自己的商业拓展得太快，而来不及思考并调整自己的策略。

有时，当你无法向那些想要放弃的伙伴解释概率时，你不应该气馁。像爱因斯坦那样的天才在理解这个概念上也同样有难度。

5

财富背后"看不见的手"

年轻人经常问我，为什么辛苦的付出常常得不到回报。我试图去安慰他们的时候，其实自己也常常为上帝创造的这个充满规则与秩序的世界感到困惑，在上帝创造的这个世界里，规则似乎也不是绝对的（比如说概率）。我相信上帝这么做的原因是为了创造一个充满挑战的世界，并以此来强化我们的信仰。在这个世界上，并不是任何东西每次都可以被设计，但任何东西在多次反复中，却能够被设计——我们应该向约伯（《圣经》中的人物）一样，不管经历怎样的困难，都应该坚信我们的事业。

20世纪90年代，我着手为这本书作研究时，对于能够找到满足我们保健需求的措施，并不感到乐观。我之所以悲观，是因为整个国家的不健康状况是由社会中最强有力的因素引发的：经济。凯恩斯曾经说过："经济学家的观点比我们通常所理解的要有力得多。事实上，这个世界都是被少数人所主宰。那些务实派认为自己能够免受各种知识的影响，却常常沦为一些过世经济学家的奴隶。"

肥胖、超重以及不健康的国民曾经是1.3万亿美元的食品业与2万亿美元医疗行业共同经济利益下的奴隶。

> 2002年，当我了解到美国保健行业已经达到2000亿美元产值并将在2012年向1万亿美元迈进时，我可以预见疾病所制造出来的经济问题，必须靠保健产业的经济来解答。

亚当·斯密在《国富论》中讲述了个人对私利的追求将导致社

会整体福利的增加。越是深入研究经济的运行，亚当·斯密就越是相信他所谓"看不见的手"将引导个人的行为朝向增进社会财富的方向迈进。作为启蒙时期激进的世俗经济学家，亚当·斯密避免使用"上帝"一词，但读原著时，我们仍能清楚地体味到亚当·斯密"看不见的手"所指。

> 今天，在即将发生的保健革命背后的积极的经济力量中，正在兴起的保健产业是"看不见的手"发挥作用的最好见证。

译后记

本书引进版权、翻译、审校和出版过程中，得到诸多人士和机构的支持与帮助。

首先得益于与保罗·皮尔泽先生及其机构的合作与交流，皮尔泽先生数次访问中国，并将再次访华。我相信，他的新一轮中国讲演，必将会为中国保健产业和直销产业带来新的思考和借鉴。

真诚感谢张信先生、蒲晓峰先生、石洋先生；三位先生同为作者和译者的朋友，在整个合作过程中帮助很大，深为感佩。感谢关山先生、杨霞女士、庄乐坤先生、贾刘伟先生等朋友的热心支持与帮助。感谢张庆棠先生和张永椿先生对译稿质量的促进与提升；张庆棠先生对市场策略的建议至为重要。

感谢中国社会科学出版社的王斌先生、武云女士、黄山女士，特别是王斌先生、黄山对本书的出版、营销做了大量工作。

遗憾的是，皮尔泽先生专门为"全新修订版"撰写了针对中国市场的长篇前言和报告，文中分享了其2009年以来，数次访华期间与中国政府高级官员、产业研究专家和企业领袖们的研讨和交流心得，但由于时间因素，本次版本没有纳入。将来重印时，将一并补齐。特此说明，以为致歉。

译者
2017年9月